168金题串讲

名师亲编·深研命题·实战推演

三国法

殷 敏 ◎ 编著

International Law

厚大出品

中国政法大学出版社

志之所趋 无远弗届

2023年厚大社群服务清单

学情监督
记录学习数据，建立能力图谱，针对薄弱有的放矢

主题班会
每月一次，布置任务，总结问题

备考规划
学科安排规划，考场应急攻略，心理辅导策略

干货下载
大纲对比、图书勘误、营养资料、直播讲义等

模考大赛
全真模拟，摸底考试，考试排名，知己知彼

学霸笔记
总结学习重难点，补充课堂笔记，传授应试技巧

公益讲座
大纲解读，热点考点精析，热点案例分析等

法考头条
新法速递、法考大事件、重要时间节点等

扫码立送内部200题

主观破冰
破译主观题的规律和奥秘，使学员对主观题从一知半解到了如指掌

模拟机考
全真模拟，冲刺法考，进阶训练，突破瓶颈

法条定位
讲授方法、结合主观答题系统，快速定位法条，最后一哆嗦轻松提分

法治思想素材
精编答题素材、传授答题套路，使考生对论述题万能金句熟记于心

主观采分点
必背答题采分点，"浓缩"知识，择要记忆，法言法语，标准化答题

代总序

做法治之光

——致亲爱的考生朋友

如果问哪个群体会真正认真地学习法律，我想答案可能是备战法考的考生。

当厚大的老总力邀我们全力投入法考的培训事业，他最打动我们的一句话就是：这是一个远比象牙塔更大的舞台，我们可以向那些真正愿意去学习法律的同学普及法治的观念。

应试化的法律教育当然要帮助同学们以最便捷的方式通过法考，但它同时也可以承载法治信念的传承。

一直以来，人们习惯将应试化教育和大学教育对立开来，认为前者不登大雅之堂，充满填鸭与铜臭。然而，没有应试的导向，很少有人能够真正自律到系统地学习法律。在许多大学校园，田园牧歌式的自由放任也许能够培养出少数的精英，但不少学生却是在游戏、逃课、昏睡中浪费生命。人类所有的成就靠的其实都是艰辛的训练；法治建设所需的人才必须接受应试的锤炼。

应试化教育并不希望培养出类拔萃的精英，我们只希望为法治建设输送合格的人才，提升所有愿意学习法律的同学整体性的法律知识水平，培育真正的法治情怀。

厚大教育在全行业中率先推出了免费视频的教育模式，让优质的教育从此可以遍及每一个有网络的地方，经济问题不会再成为学生享受这些教育资源的壁垒。

最好的东西其实都是免费的，阳光、空气、无私的爱，越是弥足珍贵，越是免费的。我们希望厚大的免费课堂能够提供最优质的法律教育，一如阳光遍洒四方，带给每一位同学以法律的温暖。

没有哪一种职业资格考试像法考一样，科目之多、强度之大令人咂舌，这也是为什么通过法律职业资格考试是每一个法律人的梦想。

法考之路，并不好走。有沮丧、有压力、有疲倦，但愿你能坚持。

坚持就是胜利，法律职业资格考试如此，法治道路更是如此。

当你成为法官、检察官、律师或者其他法律工作者，你一定会面对更多的挑战、更多的压力，但是我们请你持守当初的梦想，永远不要放弃。

人生短暂，不过区区三万多天。我们每天都在走向人生的终点，对于每个人而言，我们最宝贵的财富就是时间。

感谢所有参加法考的朋友，感谢你愿意用你宝贵的时间去助力中国的法治建设。

我们都在借来的时间中生活。无论你是基于何种目的参加法考，你都被一只无形的大手抛进了法治的熔炉，要成为中国法治建设的血液，要让这个国家在法治中走向复兴。

数以万计的法条，盈千累万的试题，反反复复的训练。我们相信，这种貌似枯燥机械的复习正是对你性格的锤炼，让你迎接法治使命中更大的挑战。

亲爱的朋友，愿你在考试的复习中能够加倍地细心。因为将来的法律生涯，需要你心思格外的缜密，你要在纷繁芜杂的证据中不断搜索，发现疑点，去制止冤案。

亲爱的朋友，愿你在考试的复习中懂得放弃。你不可能学会所有的知识，抓住大头即可。将来的法律生涯，同样需要你在坚持原则的前提下有所为、有所不为。

亲爱的朋友，愿你在考试的复习中沉着冷静。不要为难题乱了阵脚，实在不会，那就绕道而行。法律生涯，道阻且长，唯有怀抱从容淡定的心才能笑到最后。

法律职业资格考试不仅仅是一次考试，它更是你法律生涯的一次预表。

我们祝你顺利地通过考试。

不仅仅在考试中，也在今后的法治使命中——

不悲伤、不犹豫、不彷徨。

但求理解。

厚大®全体老师　谨识

序 言 PREFACE

我国法律职业资格考试虽然有"中国第一考"之称，有相当的难度，但它并非是一项不可逾越的考试。考生如想顺利通过，就必须将平时所学的知识点转化成最终的分数。本书以此为目的，力图帮助考生实现三国法高分梦想，助力考生顺利通过第一考。本书的特色和使用方法如下：

1. 为使考生能够迅速把握每个部门法的知识架构，本书在每个专题前总结了详细的知识结构图，让考生能一目了然地掌握该专题涵盖的考点。

2. 为了顺应国家法律职业资格考试改革的趋势，本书尽量体现实务性和综合性，特别在每题解析后增加了"解题要领"栏目，真正让考生理解知识点如何出题，如何在题目中看出所考查的知识点。

3. 三国法目前在国家法律职业资格考试中只出现在第一考即客观题考试中，题型涉及单选、多选、任选。本书以考点顺序排列，每题前不再标明选择题的种类，考生均以任选题来对待，以强化考前知识点应用的准确性。

4. 本书按照厚大讲义《119考前必背·殷敏讲三国法》编排的18个专题、100个考点的顺序进行排列，旨在将100个考点编成练习题，使考生在系统强化和119阶段后实现从知识点到做题能力的转化。本书对182道题均进行了详细解析，考生在学习完系统强化和119阶段的课程后，完全可以自测训练，并对照解析进行纠错巩固。

5. 2023年，我在厚大免费课堂讲授三国法课程习题的顺序是先《真题卷》后《168金题串讲》。这两本习题的难度依次加大，逐步递进，切实体现了法律职业资格考试改革中加大对"实务性"和"综合性"考查的要求。

最后，要特别提醒大家，只有多做高质量的练习题，通过题目掌握所涉的考点和命题规律，才能做到一通百通、触类旁通、顺利过关！衷心祝愿2023年考生如愿以偿，顺利高分过法考！

殷 敏
2023年6月30日

目 录

第 1 编 国际公法

专题 1 国际法导论 1
 第 1 讲 国际法的渊源 2
 第 2 讲 国际法在国内的适用 2
 第 3 讲 国际法的基本原则 3
 答案及解析 4

专题 2 条约法 7
 第 4 讲 条约法律制度 8
 答案及解析 9

专题 3 国际法律责任 13
 第 5 讲 国 家 14
 第 6 讲 联合国 16
 第 7 讲 国际法律责任 17
 答案及解析 17

专题 4 国际法上的空间划分 23
 第 8 讲 领 土 24
 第 9 讲 海洋法 25
 第 10 讲 国际法上的特殊空间 28

第 11 讲　国际环保法 ··· 29
　　答案及解析 ·· 29

专题 5　国际法上的个人 ··· 38
第 12 讲　中国国籍制度 ··· 39
第 13 讲　《中华人民共和国出境入境管理法》 ··································· 39
第 14 讲　外交保护 ·· 40
第 15 讲　引渡和庇护 ··· 41
　　答案及解析 ·· 42

专题 6　外交关系与领事关系法 ·· 46
第 16 讲　外交机关与使领馆人员 ··· 47
第 17 讲　外交及领事特权与豁免 ··· 48
　　答案及解析 ·· 48

专题 7　国际争端解决 ··· 52
第 18 讲　国际争端的解决方式 ·· 53
第 19 讲　国际争端的法律解决方法 ·· 53
　　答案及解析 ·· 54

专题 8　战争与武装冲突法 ·· 57
第 20 讲　战争的法律后果 ··· 58
第 21 讲　对作战的限制和对受难者的保护 ······································· 58
第 22 讲　国际刑事法院 ·· 59
　　答案及解析 ·· 59

第 2 编　国际私法

专题 9　国际私法的基本理论 ·· 62
第 23 讲　国际私法的基本概念 ·· 63

第 24 讲　国际私法的基本制度 …………………………………………………… 64
答案及解析 ………………………………………………………………………… 66

专题 10　涉外民商事关系法律适用 …………………………………………………… 70

第 25 讲　一般原则与经常居所地 ………………………………………………… 74
第 26 讲　权利能力和行为能力的法律适用 ……………………………………… 75
第 27 讲　涉外代理、信托、时效和仲裁协议的法律适用 ……………………… 75
第 28 讲　涉外物权的法律适用 …………………………………………………… 76
第 29 讲　涉外债权的法律适用 …………………………………………………… 77
第 30 讲　涉外知识产权的法律适用 ……………………………………………… 78
第 31 讲　涉外商事关系的法律适用 ……………………………………………… 79
第 32 讲　涉外婚姻、家庭和继承的法律适用 …………………………………… 81
答案及解析 ………………………………………………………………………… 84

专题 11　国际民商事争议的解决 ……………………………………………………… 94

第 33 讲　国际商事仲裁 …………………………………………………………… 96
第 34 讲　我国关于国际民事案件的管辖权规定 ………………………………… 97
第 35 讲　文书送达与域外取证 …………………………………………………… 98
第 36 讲　外国法院判决的承认与执行 …………………………………………… 100
答案及解析 ………………………………………………………………………… 101

专题 12　区际司法协助 ………………………………………………………………… 108

第 37 讲　区际文书送达与区际调取证据 ………………………………………… 110
第 38 讲　区际判决和区际仲裁裁决的认可与执行 ……………………………… 111
答案及解析 ………………………………………………………………………… 113

第 3 编　国际经济法

专题 13　国际贸易私法 ………………………………………………………………… 117

第 39 讲　国际货物买卖法律制度之国际贸易术语 ……………………………… 120

第40讲 国际货物买卖法律制度之1980年《联合国国际货物
        销售合同公约》……………………………………………………… 121
第41讲 国际海上货物运输法律制度之提单法律基础知识 ………………… 124
第42讲 国际海上货物运输法律制度之提单重要国际公约
        及中国《海商法》………………………………………………… 125
第43讲 国际货物运输保险法律制度之确立险别的两个依据 ……………… 127
第44讲 国际货物运输保险法律制度之险别 ………………………………… 127
第45讲 国际贸易支付法律制度之托收法律关系 …………………………… 128
第46讲 国际贸易支付法律制度之银行信用证 ……………………………… 129
答案及解析 ……………………………………………………………………… 130

专题 14　国际贸易公法 …………………………………………………………… 144

第47讲 中国《对外贸易法》和《出口管制法》…………………………… 145
第48讲 贸易救济措施争议的国内救济程序和多边救济程序比较 ………… 145
第49讲 贸易救济措施之反倾销措施 ………………………………………… 146
第50讲 贸易救济措施之反补贴措施 ………………………………………… 146
第51讲 贸易救济措施之保障措施 …………………………………………… 147
第52讲 世界贸易组织基本法律制度 ………………………………………… 148
第53讲 《与贸易有关的投资措施协议》（TRIMs）……………………… 149
第54讲 《服务贸易总协定》（GATS）…………………………………… 149
第55讲 WTO争端解决机制 ………………………………………………… 149
第56讲 中国在WTO中的特殊义务 ………………………………………… 150
答案及解析 ……………………………………………………………………… 151

专题 15　国际知识产权法 ………………………………………………………… 160

第57讲 《保护工业产权巴黎公约》（《巴黎公约》）…………………… 161
第58讲 《保护文学和艺术作品伯尔尼公约》（《伯尔尼公约》）……… 161
第59讲 《与贸易有关的知识产权协议》（TRIPs）……………………… 161
第60讲 技术转让法 …………………………………………………………… 162
答案及解析 ……………………………………………………………………… 162

专题 16　国际投资法 ·· 165
第 61 讲　《多边投资担保机构公约》（MIGA 公约） ······················ 166
第 62 讲　《关于解决国家和他国国民之间投资争端公约》（ICSID） ········ 166
答案及解析 ·· 167

专题 17　国际融资法与国际税法 ·· 170
第 63 讲　国际融资担保 ·· 171
第 64 讲　国际税法 ··· 171
答案及解析 ·· 173

专题 18　国际经济法新领域与海商法 ······································ 176
第 65 讲　国际经济法新领域 ·· 177
第 66 讲　海商法 ·· 177
答案及解析 ·· 178

答案速查表 ··· 180

专题 1　国际法导论

- 国际法导论
  - 国际法的渊源
    - 国际条约　　只约束缔约国际法主体、成文化
    - 国际习惯　　反复实践+各国认可、约束所有国际法主体、非成文化
    - 一般法律原则　约束所有国际法主体、补缺作用、非成文化
  - 国际法在国内的适用
    - 条约在国内适用的通行方式
      - 转化
      - 并入
    - 条约在中国的适用
      - 民商事领域　　直接+优先适用，国际惯例补缺
      - 特殊领域　　　与国内法平行适用，相互补充
      - 其他领域　　　转化适用
  - 国际法的基本原则
    - 主权平等原则　　平等者之间无管辖权
    - 不干涉内政原则
      - 内政：国内管辖事项+不违背国际法，不限于领土
      - 干涉：国家或政府间国际组织直接或间接地干预
    - 不得使用武力威胁或武力原则　　合法方式：行使自卫权、安理会授权
    - 民族自决原则　　独立权只适用殖民地民族，反对民族分裂主义
    - 和平解决国际争端原则　　仅限于国家之间的争端
    - 善意履行国际义务原则
      - 条约：缔约国必守
      - 习惯和一般法律原则：各国必信守

第❶讲 国际法的渊源

考 点 1 ▶ 国际法的渊源

1. 关于国际法的渊源和特征，下列说法正确的是：（   ）

A. 联合国国际法委员会是国际法的立法机关

B. 国际习惯是最古老的国际法渊源。证明一项国际习惯的存在，一般应从国家间的各种文书和外交实践、国际组织和机构的各种文件、国内立法和司法以及行政的实践和有关文件中寻找证据

C. 安理会为制止对和平的破坏、威胁和侵略行为而作出的决定，对于当事国和所有成员国都具有拘束力

D. 国际惯例经过当事人的选择可以适用，因此其可以成为国际法的渊源

2. 甲、乙、丙三国是海上邻国，甲国早在若干年前就发现了该海域的桃花岛与和平岛，并进行了有效占领及管制。1939年，乙国派军队侵占了该海域的桃花岛与和平岛，后乙国战败，甲国重新收复了桃花岛与和平岛。1993年，丙国立法机关通过法案，宣称了对桃花岛的主权要求。2002年，乙、丙两国缔结协定，约定桃花岛与和平岛由双方共同管制。2005年，联合国安理会通过决议，最终解决了桃花岛与和平岛的归属问题。根据国际法相关规则和原则，下列选项不正确的是：（   ）

A. 甲国的行为不构成国际法中的先占

B. 丙国立法机构的法案具有涉外性，构成国际法的一部分

C. 乙、丙两国缔结的协定是国际条约，构成国际法的一部分，对甲、乙、丙三国均有拘束力

D. 联合国安理会的决议对当事国有拘束力，构成国际法的一部分

第❷讲 国际法在国内的适用

考 点 2 ▶ 国际法在国内的适用

3. 关于国际法与国内法的关系，下列表述正确的是：（   ）

A. 国家必须履行缔结或参加的国际条约，国际法对国际条约在国内适用的具体方式作出了明确的强制性规定

B. 国际条约的适用通常有转化和采纳两种方式，也有一些国家两种方式兼用

C. 公认的国际习惯法规则和我国缔结或参加的条约，都可以在我国国内作为国内法的一部分直接适用

D. 条约与国内法的平行适用是指在某一特殊领域要么适用国际条约，要么适用国内法，两者不能一起适用，中国司法实践中无平行适用的先例

第3讲 国际法的基本原则

考点 3 ▶ 国际法的基本原则

4. "不干涉内政原则"是国际法的一项基本原则，下列关于"内政"和"不干涉内政原则"的说法，正确的有：（　　）

A. 迈克经常在国外散布分裂甲国的谣言并印制传单发放，其行为已经给甲国造成了不良影响。因此，个人虽然不是国际法的主体，但是在某些情况下可以成为干涉内政的主体

B. 丙国决定是否参加某个政府间国际组织的行为属于丙国的内政，他国无权干涉

C. "不干涉内政原则"强调一国在处理其国内管辖事项时不得违反其所承担的国际法义务

D. 《反外国制裁法》是从国内法层面对不干涉内政原则的具体实施

5. 甲、乙两国均为联合国会员国。1983年年底和1984年年初，甲国派人在乙国的内水和领海港口附近布雷，该布雷活动严重影响了乙国的安全和航行，并已造成了重大的事故和损失。甲、乙两国于1984年达成协议，表示愿意将该争议提交国际法院解决。乙国向国际法院指控甲国的行为，要求甲国停止该布雷行动并给予相应补偿。根据国际法相关原则和规则，下列选项正确的是：（　　）

A. 甲国违反了不干涉内政原则

B. 甲国违反了不得使用武力或武力相威胁原则

C. 甲国行为构成国际法上的自卫

D. 甲国违反了国际强行法规则

答案及解析

1. [答案] BC

[解析] 国际法没有立法机关,它主要是国家之间的法。因此,A 错误。

国际习惯可以从国家间的各种文书和外交实践、国际组织和机构的各种文件、国内立法和司法以及行政的实践和有关文件中抽象出来。因此,B 正确。

安理会的决议虽然不可以成为国际法的渊源,但对当事国和所有成员国都有拘束力。因此,C 正确。

国际惯例与国际习惯不同,前者是任意法,后者是强行法,强制适用于所有国际法的主体。国际习惯是国际法的渊源,但国际惯例不是。因此,D 错误。

综上,本题 BC 当选。

[解题要领]

(1) 国际法主要是国家之间的法;

(2) 国际习惯可以来源于国内法;

(3) 国际习惯与国际惯例不同,前者是国际法的渊源,后者体现任意法的性质。

2. [答案] ABCD

[解析] 先占的前提条件有两个:①无主地;②有效占领。本案均符合。因此,A 错误。

有涉外因素的国内法不是国际法的渊源,丙国立法机构的法案不能成为国际法的渊源。因此,B 错误。

国际条约只能约束缔约国,乙、丙两国缔结的条约只能约束乙、丙两国。因此,C 错误。

国际组织的决议不是国际法的渊源,因此虽然联合国安理会的决议对当事国有约束力,但它不能成为国际法的渊源。因此,D 错误。

综上,本题 ABCD 当选。

[解题要领]

(1) 先占的前提条件为无主地,并且需要有效占领;

(2) 有涉外因素的国内法不是国际法的渊源；

(3) 国际条约只能约束缔约国；

(4) 国际组织的决议不是国际法的渊源。

3. [答案] B

[解析] 条约在国内的适用通常有两种方式：转化和采纳。目前国际法中尚没有关于国内法与国际法之间关系的具体、统一、完整的规则。因此，A 错误，B 正确。

条约在我国的适用包括：①民商事领域，直接适用；②民商事以外，转化适用；③特殊领域，平行适用。因此，C 错误。

条约和国内法的平行适用是指条约和相关法律同时适用，如 1961 年《维也纳外交关系公约》（我国 1975 年加入），1963 年《维也纳领事关系公约》（我国 1979 年加入），1986 年《外交特权与豁免条例》与 1990 年《领事特权与豁免条例》。可见，中国在外交关系与领事关系领域，已经有条约与国内法平行适用的实例。因此，D 错误。

综上，本题 B 当选。

[解题要领]

(1) 条约在国内的适用通常有转化和采纳两种方式。

(2) 条约在我国的适用包括三种方式：①民商事领域，直接适用；②民商事以外，转化适用；③特殊领域，平行适用。

4. [答案] BCD

[解析] 干涉内政的主体必须是国家或政府间国际组织，个人不是国际法的主体，当然也不能成为干涉内政的主体。因此，A 错误。

内政的实质是国家基于其管辖的领土而行使主权的表现，包括建立国家政权体制和建立社会、经济、教育、文化等制度，处理其立法、行政、司法事务，以及制定对外政策、开展对外交往等所有方面的措施和行动。判断某一事项是否属于内政，要看其本质上是否属于国内管辖的事项，且一国在处理国内事项时不得违反其承担的国际法义务。因此，BC 正确。

根据 2021 年 6 月颁布的《反外国制裁法》第 3 条的规定，中国反对任何国家以任何借口、任何方式干涉中国内政。外国国家违反国际法和国际关系基本准则，以各种借口或者依据其本国法律对我国进行遏制、打压，对我国公民、组织采取歧视性限制措施，干涉我国内政的，我国有权采取相应反制措施。该法是从国内法层面对不干涉内政原则的具体实施。因此，D 正确。

综上，本题 BCD 当选。

解题要领

（1）"内政"是一国主权范围内的事项；

（2）干涉内政的主体必须是国际法主体；

（3）一国在处理其内政时不得违反其所承担的国际法义务；

（4）《反外国制裁法》是从国内法层面对不干涉内政原则的具体实施。

5. [答 案] ABD

[解 析] 甲国在乙国内水和领海港口附近布雷的行为干涉了乙国的安全，且违反了不得使用武力或武力相威胁原则。因此，AB 正确。

自卫必须是针对正在进行的攻击行为。因此，C 错误。

甲国违反了不干涉内政和不得使用武力或武力相威胁两项国际法基本原则，而国际法基本原则都是国际强行法规则。因此，D 正确。

综上，本题 ABD 当选。

解题要领

（1）国际法基本原则都是国际强行法规则；

（2）自卫的有效要件。

专题 2 条约法

- **条约法**
  - **条约的构成要件**
    - 有效要件　　国际法主体＋自愿＋不违反国际强行法
    - 缔约代表的实质缔约权　　依各国国内法产生
    - 形式缔约权（全权证书）　　不需全权证书的五正职
  - **条约的缔结程序和方式**
    - 约文的议定　　约文的认证　　同意接受条约拘束的表示
  - **条约的登记**
    - 会员国的一切条约皆应在联合国秘书处登记并公布
    - 未经登记不得在联合国援引，未经登记并不影响法律效力
    - 我国由外交部负责向联合国登记
  - **中国缔结条约之程序**
    - 批准
      - 审核：国务院
      - 批准、废除：全人常决定
      - 主席根据决定签署
    - 接受
      - 审查：外交部或国务院有关部门会同外交部
      - 决定：国务院
      - 接受书签署与办理手续：外交部
    - 加入
      - ①多边条约、重要协定；②加入除①之外的多边条约和协定
  - **条约的保留**
    - 保留的条件和不得保留的情形
    - 保留的效果
      - 保留国与接受保留国
      - 保留国与反对保留国
      - 接受保留国与反对保留国（不反对条约生效）
  - **条约的冲突**
    - 依约
      - 当事国完全相同，依后约（后约取代先约）
      - 当事国部分相同，部分不同，应个案处理
  - **条约对第三国的效力**
    - 为第三国创设义务：第三国书面＋明示接受
    - 为第三国创设权利：不反对即有效
  - **条约的解释**
    - 善意解释：①有效解释；②第三方解释：中立；③缔约国解释：利于对方，不利己方
    - 两种以上文字文本的解释：以作准文本为准
  - **条约的终止和暂停施行**
    - 确定边界的条约不适用情势变迁原则
  - **条约的修订**
    - ①条约修订指同一条约，条约冲突指前后两个条约
    - ②拒绝接受修订案不代表退约
    - ③拒绝接受修订案的国家与条约当事国间适用未修订的条约

第 4 讲 条约法律制度

考点 4 ▶ 条约法律制度

6. 1933 年 4 月，甲国与乙国一家私有公司签订一项授予乙国该私有公司在甲国境内开采石油的特许权的协定。1951 年 3 月到 5 月间，甲国颁布若干法律，宣布对其境内的石油工业实行国有化，并规定了有关程序。甲国这些法律的实施引发了甲国与乙国该私有公司的争端。乙国政府支持该公司的主张，并以行使外交保护权的名义，于 1951 年 5 月以单方申请的形式在国际法院对甲国提起诉讼。根据国际法相关规则和原则，下列选项不正确的是：（　　）

A. 该特许权协定属于国际条约，甲、乙两国均应遵守
B. 乙国可以单方将甲国起诉到国际法院，国际法院对本案拥有管辖权
C. 乙国政府可以立即行使外交保护
D. 乙国该私有公司可以直接将甲国起诉到国际法院，国际法院对本案拥有管辖权

7. 关于条约的缔结程序，下列说法正确的是：（　　）

A. 任何国家如果签署一项条约，则自签字时起就有义务接受条约的拘束
B. 国家表示同意受条约约束的方式可由该条约规定或由有关各方约定，但实践中一般采用的方式包括签署、批准、加入和接受等
C. 条约约文议定后，如果需要经过一段时间才进行签署，通常各方全权代表会先进行草签。草签表明缔约方谈判代表对条约的约文已经认证，但不具备法律效力，仍需等待其本国核准
D. 中国签订的民商事条约均需全国人民代表大会常务委员会的批准

8. 根据《维也纳条约法公约》的规定，下列说法正确的是：（　　）

A. 甲、乙两国共同制订某双边条约，在谈判过程中，甲国对乙国的全权谈判代表汤姆斯进行贿赂，乙国不得主张汤姆斯作为其全权代表所签订的该条约无效
B. 在订立某一多边条约过程中，甲国对某一条款提出保留。乙国反对甲国的保留，但是不反对条约在彼此间生效，丙国未提出保留。那么甲、乙两国之间该条约可以适用，并照保留之范围修改保留所关涉之条约规定；乙、丙两国

之间，适用条约的全部规定

C. 甲、乙、丙三国缔结了一个在彼此间的一条通往海洋的界河中自由通航的协定，在没有征得丁国同意的情况下，为丁国创设了在该界河中的自由通过权，则丁国只有对此项权利书面表示同意，才可在该界河中享有该项条约规定的自由通过权

D. 甲、乙两国签订了一个条约，则除条约表示不同意思或另经确定外，该条约一旦生效，对甲、乙两国之拘束力均及于全部领土

9. 根据《维也纳条约法公约》以及《联合国宪章》的有关规定，下列说法正确的是：（ ）

A. 条约未经登记不得在世界贸易组织争端解决机制处理争议时引用

B. 谈判代表一般须持有被授权进行谈判的"全权证书"，但是国家元首、政府首脑或外交部正副部长等则无须出示"全权证书"

C. 除条约另有规定外，保留须经接受保留的国家或国际组织的同意才可撤回

D. 联合国不把登记作为条约生效的要件

10. 甲、乙、丙三国为2005年某项贸易公约的缔约国。2010年，甲国单方面宣布退出该贸易公约。后乙、丙、丁三国又于2015年签订了涉及同样事宜的新贸易公约。2017年，乙、丙、丁三国依据规定的程序对2015年公约进行了修订，形成2017年修订本，乙、丙两国接受了该修订本，丁国则拒绝接受。戊国于2020年加入该贸易公约，加入时未作出任何意思表示。根据《维也纳条约法公约》的规定，下列选项不正确的是：（ ）

A. 甲国于2010年单方面宣布退出2005年贸易公约的行为有效

B. 丁国已退出2015年贸易公约

C. 戊国只受2015年贸易公约的约束，不受2017年修订本的约束

D. 乙、丙两国既受2005年贸易公约的约束，又受2017年修订本的约束

答案及解析

6. [答案] ABCD

   [解析] 国际条约的缔约主体必须是国际法的主体，乙国私有公司非国际法主

体，故特许权协定非国际条约。因此，A错误。

国际法院诉讼管辖权中对事管辖的确立方式有三种：自愿管辖、协定管辖和任择强制管辖。乙国不可以单方将甲国起诉到国际法院。因此，B错误。

外交保护的提起需要以用尽当地救济为前提条件，乙国政府不可以立即行使外交保护。因此，C错误。

国际法院诉讼管辖权中对人管辖的主体必须是国家，乙国私有公司并非国际法院对人管辖适格的诉讼主体。因此，D错误。

综上，本题ABCD当选。

解题要领
（1）国际法院诉讼管辖中的对人管辖及对事管辖；
（2）外交保护的前提条件；
（3）国际条约的有效要件。

7. [答案] BC

[解析] 签署只有在以下情况下，才表明一国同意受条约的拘束：①该条约规定签署有这种效果；②各谈判国约定签署有这种效果；③该国在其代表的全权证书中或在谈判过程中表示该国赋予签署这种效果。除这三种情况外，签署一般要经过本国核准确认后才表示该国同意受条约的约束。因此，A错误。

国家表示同意受条约的拘束是缔约程序中最关键的环节，任何缔约主体只有作出同意受某一条约拘束的表示，才能成为条约的当事方。实践中采用的主要方式有签署、批准、加入和接受等。因此，B正确。

草签通常用于约文议定后须经过一段时间才举行条约签署的情况。它是由谈判代表将其姓氏或姓名的首字母签于条约约文下面，表示该约文不再更改，但草签仍不具备法律效力，仍需等待其本国核准。因此，C正确。

根据《缔结条约程序法》第3条第2、3款的规定，我国全国人大常委会决定同外国缔结的条约和重要协定的批准和废除。国家主席根据全国人大常委会的决定，批准和废除同外国缔结的条约和重要协定。比如边界条约、和国内法有冲突的条约、引渡的条约等。因此，D错误。

综上，本题BC当选。

解题要领
（1）条约签署的后果需要由条约本身赋予；
（2）一国同意受条约约束可以选择签署、批准、加入、接受等方式中的任何一种进行；

(3) 草签不具备法律效力；

(4) 国家元首、政府首脑、外交部长、使馆馆长、一国派驻国际组织的代表，正职出面签署条约时无需出具全权证书；

(5) 中国签订的重要协定和条约需经全国人大常委会批准。

8. [答案] D

[解析] 条约的有效要件包括：主体合格、意思表示真实、内容合法。A 违反了意思表示真实。因此，A 错误。

条约保留后的法律后果为：①保留国与接受保留国按保留范围改变相应条约条款；②保留国与反对保留国之间，保留所涉规定在两国之间视为不存在；③接受保留国与反对保留国之间，适用条约规定。因此，B 错误。

条约为第三国创设义务时，必须经第三国书面明示同意；为第三国创设权利时，第三国没有相反的意思表示，应推定其同意。因此，C 错误。

条约的效力及于条约所涉国家的全部领土。因此，D 正确。

综上，本题 D 当选。

[解题要领]

(1) 条约的有效要件包括主体合格、意思表示真实、内容合法三项。

(2) 条约保留的法律后果需掌握：①在保留国与接受保留国之间，按保留范围改变相应条约条款；②在保留国与反对保留国之间，保留所涉规定在两国之间视为不存在；③在接受保留国与反对保留国之间，适用原来条约的规定。

(3) 条约对第三国的效力需掌握：条约为第三国创设权利，第三国不反对即视为有效；条约为第三国创设义务，必须经第三国书面明示同意方有效。

(4) 条约一旦生效，其效力均及于其全部领土。

9. [答案] D

[解析] 条约未经登记不得在联合国机关援引。因此，A 错误。

国家元首、政府首脑、外交部长、使馆馆长或一国派驻国际组织的代表，正职出面无需出具全权证书，外交部副部长出面必须出具"全权证书"。因此，B 错误。

保留的撤回无需经过其他当事方同意。因此，C 错误。

登记不是条约生效的要件，只是未经登记的条约不得在联合国机关援引。因此，D 正确。

综上，本题 D 当选。

解题要领

(1) 条约未经登记，不可以在联合国机关援引，但并不影响条约的生效；

(2) 除条约另有规定，条约的保留和撤回保留都是国家的权利而不是义务；

(3) 国家元首、政府首脑、外交部长、使馆馆长、一国派驻国际组织的代表，正职出面签署条约时无须出具全权证书。

10. [答案] ABCD

[解析] 单方面解除条约需要履行特殊的手续，如提前 12 个月通知。另外，有些条约还对退出有其他具体的要求和程序。因此，A 错误。

关于条约修订的考点有三个：①条约修订后，凡有权成为条约当事国的国家，也应有权成为修订后条约的当事国；②修订条约的协定对于是条约当事国而非协定当事国的国家无拘束力；③对于修订条约的协定生效后成为条约当事国的国家，如果该国没有相反的表示，应视为修订后条约的当事国——在该国与不受修订条约协定拘束的当事国之间，适用未修订的条约。因此，BC 错误。

乙、丙两国之间既有 2005 年贸易公约，也有 2017 年修订本，根据"新约取代旧约"的规则，乙、丙两国之间适用新约，即 2017 年修订本。因此，D 错误。

综上，本题 ABCD 当选。

解题要领

(1) 条约的退出；

(2) 条约修订的法律后果；

(3) 条约的冲突。

专题 3　国际法律责任

- 国际法律责任
  - 国　家
    - 基本权利：独立权；平等权；自保权；管辖权
    - 国家主权豁免
      - 绝对豁免（国际习惯）：国家行为（不包括国有企业行为）不受他国法院管辖
      - 国家豁免的放弃
        - 国家豁免权的放弃：主观自愿+一案一放+明确表示
        - 放弃方式：明示、默示
      - 国家豁免理论的发展：限制豁免主义认为国家的商业行为不应享有豁免权；绝对豁免与限制豁免都不否认国家享有绝对的执行豁免权
    - 承认和继承
      - 承认
        - 主体：国家和政府间国际组织
        - 对象：新国家、新政府、交战和叛乱团体
        - 性质：单方行为、非义务、可溯及
        - 类型
          - 对新国家承认的后果：建交、缔约、尊重主权、不可逆
          - 对新政府承认的后果：意味着对旧政府承认的撤销
          - 对交战、叛乱团体承认的后果：叛乱成功新政府新国家担责，失败自担
        - 形式：明示、默示
      - 继承
        - 条约：先依约定；领土+非身份性，继承；身份或政治性，不继承
        - 财产
          - 不动产随领土
          - 动产适用实际生存原则（最密切联系，与所在地点无关）
        - 国家档案
          - 协议优先、实际生存原则
          - 不可分割档案的继承：继承国有权自费复制原始档案
        - 债务
          - 继承的债：国家债务和地方化债务且必须是向国际法主体负债
          - 不继承的债：地方债务、国家对私人之债、恶债
  - 政府间国际组织：联合国大会、联合国安理会　组成、职权、表决制度、决议效力
  - 国际法律责任
    - 传统国际法律责任的构成（责任主体仅为国家且限于过错责任）
    - 发展
      - 主体范围突破：国际刑事责任中的"双罚原则"
      - 客体范围突破：①外空领域；②核污染领域

第5讲 国家

考点 5 ▶ 国家的基本权利

11. 国家管辖权是一国主权的具体行使。下列关于国家管辖权的说法，错误的是：（   ）

A. 国家行使属人管辖权的对象包括具有该国国籍的自然人、法人、船舶、航空器、航天器等

B. 外交保护是一国属人管辖权的体现

C. 战争罪、违反人道罪、海盗罪等已被公认为国家普遍管辖权的对象

D. 国家行使保护性管辖权的条件是外国人在领土外侵害该国重大利益的行为，同样必须也侵害了行为地国的重大利益

12. 下列各项行为中，属于国家可以行使普遍管辖权的事项是：（   ）

A. 甲伙同数人将一在日本登记、由东京飞往柏林的航班劫持并飞往沙特，该航班被迫在沙特降停

B. 乙在 A 国入室盗窃，并行凶杀死数人，被警方通缉后，潜逃至 B 国又实施了抢劫行为

C. 丙、丁两国发生种族冲突，丙国对丁国的族人进行清洗，在数周内杀死 10 万多人

D. 戊国某特大贩毒集团，将 1 吨海洛因从哥伦比亚贩至东南亚各国销售

考点 6 ▶ 国家主权豁免

13. 2004 年在联大通过并于 2005 年开放签署的《联合国国家及其财产管辖豁免公约》是涉及国家主权豁免制度的重要国际法律文件。关于该公约，下列说法错误的有哪些？（   ）

A. 公约坚持相对豁免理论，明确规定国家从事商业行为不可以享受管辖豁免

B. 公约坚持相对豁免理论的做法表明相对豁免理论目前已经成为一项习惯国际法规则

C. 公约主张国家在因商业交易而引发的诉讼中，不得享有管辖豁免和执行豁免

D. 公约主张国家在因商业交易而引发的诉讼中，不得向另一国法院援引管辖豁免

14. 强峰公司为香蕉国的一家国有公司。强峰公司与苹果国驻菠萝国的使馆就向该使馆供应办公用品事宜，签订了一份供货协议。后由于苹果国使馆认为强峰公司交货存在质量瑕疵，双方发生纠纷。苹果国使馆欲通过诉讼解决该纠纷，根据国际法的相关原则和规则，下列判断不正确的是：（　　）
   A. 苹果国使馆无权在他国法院就强峰公司提起诉讼
   B. 强峰公司为国有公司，享有司法管辖豁免权
   C. 香蕉国需对强峰公司交货存在的质量瑕疵承担国家责任
   D. 苹果国使馆就该纠纷向香蕉国法院提起诉讼，是对其管辖豁免和执行豁免的放弃

考点 7 ▶ 国际法上的承认

15. 甲国爆发内战，反对派建立了"全国过渡委员会"，屡次向政府军控制的首都发动进攻。根据国际法的规则，下列说法正确的是：（　　）
   A. 丁国坚持甲国现任政府为唯一合法政府，从未承认反对派，其外交邮袋被反对派武装力量截获并扣留，甲国现任政府仍应对此承担责任
   B. 丙国已宣布承认反对派为唯一合法政府，并商量互换大使，这将带来对新国家的承认
   C. 乙、丙两国各有一批使馆的档案和文件正在运往首都的途中，甲国政府军可以对档案和文件进行查封
   D. 为保证使馆安全，乙国决定关闭驻甲国的使馆，这将导致甲、乙两国断交

考点 8 ▶ 国际法上的继承

16. 甲、乙、丙三国 2021 年合并为一个新的国家丁国。此时，戊国政府发现，原甲国中央政府从戊国某商业银行借款 1000 万美元，乙国某省、丙国国家主席分别从戊国政府借债 2000 万美元和 3000 万美元。上述债务均未偿还。甲、乙、丙、丁、戊五国没有关于甲、乙、丙三国合并之后所涉债务事项的任何双边或多边协议。根据国际法相关原则和规则，下列选项

正确的是：（   ）

A. 甲国中央政府所借债务转属丁国政府承担
B. 乙国某省所借债务转属丁国政府承担
C. 丙国国家主席所借债务转属丁国政府承担
D. 甲、乙、丙三国债务均转属丁国政府承担

第 6 讲　联合国

考点 9 ▶ 联合国

17. 下列关于联合国大会和安全理事会的有关判断，不正确的是：（   ）

   A. 联合国大会对维持和平问题作出的建议，对有关会员国具有法律拘束力
   B. 安理会如果讨论对某国作出单边制裁的决议，在性质上为非程序性事项，该种决议一经通过，即产生法律拘束力
   C. 在表决非程序性事项时，常任理事国的弃权不构成否决，但缺席构成否决
   D. 一国申请加入联合国，在安理会是实质性事项，在联合国大会属于重要问题，需全体联合国会员国同意

18. 甲、乙两国为沿海邻国。由于岛屿争议，两国产生了激烈的武装冲突，战火有进一步蔓延的趋势。甲、乙均为联合国成员国。针对此事态，如果双方拟通过联合国安理会采取相关措施以实现停火和稳定局势。根据《联合国宪章》的有关规定，下列表述错误的是：（   ）

   A. 在对采取措施的决议草案进行表决时，安理会常任理事国中任何一国投弃权票，不妨碍该决议的通过
   B. 在对采取措施的决议草案进行表决时，若获得全体理事国中 1/2 多数的同意，其中包括常任理事国的一致同意，该决议即被通过
   C. 只有甲、乙两国中的任一国把该事项提交安理会后，安理会才有权对该事项进行审议
   D. 只有得到甲、乙两国的分别同意，安理会通过的上述决议才能对其产生拘束力

19. 甲国是实行联邦制的国家，乙、丙属于甲国的两个联邦成员。1954 年，甲

国国家主席团将原属于乙的卡瑞里亚县作为"礼物"送给丙。1991年,甲国解体,分为乙、丙等国家,随着乙、丙两国国家矛盾的上升,卡瑞里亚的矛盾也逐渐凸显,卡瑞里亚回归乙国的愿望越来越强烈,最终卡瑞里亚人民举行公民投票,95%要求加入乙国。对于该公民投票的结果以及是否需要保持丙国领土完整等问题,根据国际法,下列判断正确的有:( )

A. 卡瑞里亚公民投票如符合相关国际法及国内法程序,则投票结果有效

B. 对是否需要保持丙国领土完整的问题,在联合国大会属于重要问题,所以只要2/3多数会员国同意,则大会决议将具有效力

C. 对是否需要保持丙国领土完整的问题,如果乙国是联合国安理会常任理事国,则乙国的缺席不会影响安理会决议的通过

D. 联合国安理会对是否需要保持丙国领土完整问题的决议具有法律拘束力,构成国际法的渊源

第**7**讲 国际法律责任

考点 10 ▶ 国际法律责任

20. 下列有关国际法律责任的说法,正确的是:( )

A. 一国地方政府机关的行为可以归因于国家

B. 经授权行使政府权力的其他实体的行为可以归因于国家

C. 一国发生内乱或被占领,导致政府当局不存在,需要有人行使政府权力要素,而事实上正在行使政府权力要素的一个人或一群人的行为,是可以归因于国家的行为

D. 国际法不加禁止的行为所引起的责任,主要表现为损害赔偿责任

答案及解析

11. [答案] D

[解析] 国家行使属人管辖权的对象不仅包括具有一国国籍的自然人、法人,还包括具有一国国籍的船舶、航空器、航天器等。因此,A正确。

外交保护是国家保护具有本国国籍公民的海外利益,所以是一国属人

管辖权的体现。因此，B 正确。

战争罪、破坏和平罪、违反人道罪、海盗罪等是国家可以行使普遍管辖权的对象。灭绝种族、贩卖毒品、贩运奴隶、种族隔离、实施酷刑、劫持航空器等行为也已被国际条约确定为缔约国合作惩治的罪行。因此，C 正确。

保护性管辖权的条件之一是要求两个国家都认为构成犯罪，即双重犯罪，而不是同时损害两个国家的重大利益。因此，D 错误。

综上，本题 D 当选。

[解题要领]

（1）属人管辖权的对象是指广义的人，具体包括具有一国国籍的自然人、法人、船舶、航空器、航天器等。

（2）外交保护是一国属人管辖权的体现，具体是指受害人国籍国对受害人的保护。

（3）普遍管辖权行使的罪行范围。

（4）保护性管辖权的行使需要具备四项条件：①外国人；②行为发生在域外；③侵害了该国重大利益；④构成双重犯罪。

12. [答案] ACD

[解析] 战争罪、破坏和平罪、违反人道罪、海盗罪等是国家可以行使普遍管辖权的对象。灭绝种族、贩卖毒品、贩运奴隶、种族隔离、实施酷刑、劫持航空器等行为也已被国际条约确定为缔约国合作惩治的罪行。乙的入室盗窃行为不在此范围内，B 不当选。

综上，本题 ACD 当选。

[解题要领]

普遍管辖的罪行范围包括国家公认的罪行和有关国际条约确认的罪行。

13. [答案] BC

[解析] 相对豁免理论和绝对豁免理论的差异在于管辖豁免上，两种理论都坚持国家享有执行豁免。《联合国国家及其财产管辖豁免公约》明确规定，国家从事商业交易不可以享受管辖豁免。因此，AD 正确，C 错误。

《联合国国家及其财产管辖豁免公约》目前尚未生效，绝对豁免理论仍然占主流地位。因此，B 错误。

综上，本题 BC 当选。

解题要领

（1）《联合国国家及其财产管辖豁免公约》坚持相对豁免理论，但公约目前仍未生效；

（2）绝对豁免理论为习惯国际法规则；

（3）绝对豁免理论与相对豁免理论的差异在于管辖豁免上，两种理论都坚持国家享有执行豁免。

14. [答案] ABCD

[解析] 虽然使馆的行为可以归因于国家，可以享受豁免权，但当使馆作为原告起诉对方时，则表明其默示放弃了豁免权。因此，A 错误。

根据管执分离原则，管辖豁免的放弃并不代表执行豁免的放弃。因此，D 错误。

国有企业的行为不能归因于国家，不能享受主权豁免，国家也无需为国有企业的行为承担国际法律责任。因此，BC 错误。

综上，本题 ABCD 当选。

解题要领

（1）国家主权豁免的概念；

（2）国家主权豁免的放弃；

（3）管执分离原则。

15. [答案] A

[解析] 丁国没有承认反对派，所以甲国仍需为反对派的不法行为承担国家责任。因此，A 正确。

对新政府的承认是承认者对他国新政府出现所作出的一种单方面行为，表示愿意把该新政府作为其国家的代表，从而与其建立或保持正常关系。B 项是对新政府的承认而不是对新国家的承认。因此，B 错误。

使馆的档案及文件无论何时何地，均不得侵犯。因此，C 错误。

建立外交关系并互设使馆后，由于某种原因，一国也可以单方面暂时关闭使馆，甚至断绝与另一国的外交关系。但是暂时关闭使馆，并不等于断绝外交关系。因此，D 错误。

综上，本题 A 当选。

解题要领

(1) 政府承认不涉及领土变更，对新政府的承认意味着对旧政府承认的撤销；

(2) 使馆档案及文件无论何时何地，均不得侵犯；

(3) 暂时关闭使馆与断绝外交关系是两回事。

16. [答案] C

[解析] 债务继承是国际法上继承中最难的一个考点，必须区分继承的债务和不继承的债务。继承的债务包括国家债务和地方化债务，且借债的主体和借债的对象均必须为国际法主体。不继承的债务包括：地方债务、国家对私人之债、恶债。

A 中借债的对象为戊国商业银行，非国际法主体，所以不继承，A 错误。
B 中借债的主体为地方，为地方债务，所以不继承，B 错误。
C 中丙国国家主席的行为一般可归因于国家，所以，C 正确。
通过上述选项分析，D 显然错误。
综上，本题 C 当选。

解题要领

国际法上继承中的债务继承。

17. [答案] ACD

[解析] 根据《联合国宪章》的规定，联合国大会对于联合国组织内部事务通过的决议，对会员国具有法律拘束力；对于其他一般事项作出的决议属于建议性质，不具有法律拘束力。因此，A 错误。

安理会为制止和平的威胁、和平的破坏和侵略行为而作出的决定，以及依《联合国宪章》规定的其他职能作出的决定，对当事国和所有的成员国都具有法律拘束力。因此，B 正确。

安理会对于非程序事项或称实质性事项的决议表决，要求获得包括全体常任理事国在内的 9 个同意票，此又称为"大国一致原则"，即任何一个常任理事国都享有否决权。但是，常任理事国的弃权或缺席不被视为否决，不影响决议的通过。因此，C 错误。

联合国大会对于一般问题的决议采取简单多数通过，对于重要问题的决议采取 2/3 多数通过，无需全体联合国会员国同意。因此，D 错误。

综上，本题ACD当选。

解题要领

（1）联合国大会的内部决议对内部会员国有法律拘束力，但外部决议只有建议的性质，无法律拘束力。

（2）安理会在其职权范围内作出的决议有法律拘束力，但不能成为国际法的渊源。

（3）安理会对非程序性事项的表决，需要获得15个理事国中的9个同意票，并且需要五大常任理事国一致。但是五大常任理事国的弃权或缺席并不影响决议的通过。

（4）联合国大会对重要问题的决议需要2/3多数通过。

18. **答案** BCD

解析 安理会常任理事国的弃权或缺席不视为否决，不影响决议的通过。因此，A正确。

安理会中15票要有9票同意票，应为3/5。因此，B错误。

安理会是联合国在维持国际和平与安全方面负主要责任的机关，也是联合国中唯一有权采取行动的机关。安理会的重要职权包括：促使争端和平解决，制止侵略行为。安理会的职权之一就是促使争端和平解决，它可以依职权主动采取相关措施以实现停火和稳定局势。因此，C错误。

安理会为制止和平的威胁、和平的破坏和侵略行为而作出的决定，以及依照《联合国宪章》规定的其他职能作出的决定，对当事国和所有成员国都具有拘束力，不论该国是否同意。因此，D错误。

综上，本题BCD当选。

解题要领

（1）常任理事国对非程序性事项的表决需要在15个理事国中获得9票同意票，并且要五大国一致，但是五大常任理事国的弃权或缺席不影响决议的通过；

（2）安理会对其职权范围内事项的审议可以依职权，也可以依申请；

（3）安理会决议对当事国及所有成员国均有拘束力。

19. **答案** AC

解析 公民投票作为现代领土取得的一种方式，如果符合相关国际法及国内法程序，则为有效。因此，A 正确。

联合国大会决议对外没有法律约束力。因此，B 错误。

安理会对非程序性事项的表决需要五大常任理事国的一致票，但常任理事国的弃权和缺席不影响决议的通过。因此，C 正确。

国际组织的决议不能成为国际法的渊源。因此，D 错误。

综上，本题 AC 当选。

解题要领

(1) 公民投票是现代领土取得的一种方式，但需要符合相关国际法及国内法程序；

(2) 联合国大会的外部决议没有法律效力，只有建议性质；

(3) 联合国安理会的决议对当事国和所有成员国有法律拘束力，但不能是国际法的渊源。

20. [答案] ABCD

[解析] 以下行为，在国际法上被认为是可以归因于国家的行为：①国家机关的行为。不论该机关是立法、行政、司法或其他机关，或行使的职务是对内或是对外，也不论其在国家结构中处于上级或下级地位。②经授权行使政府权力的其他实体的行为。③实际上代表国家行事的人的行为。④别国或国际组织交与一国支配的机关的行为，视为该支配国的国家行为。⑤国家机关和国家授权人员的越权或不法行为。⑥已经或正在组成新国家叛乱运动的行为，被视为已经或正在形成的新国家的行为。据此，ABC 都正确。

承担国际责任最主要和最常用的方式就是损害赔偿。因此，D 正确。

综上，本题 ABCD 当选。

解题要领

(1) 承担国际法律责任的主体；（见上述解析）

(2) 承担国际法律责任的主要方式是损害赔偿。

专题 4 　国际法上的空间划分

- 国际法上的空间划分
  - 领土
    - 组成
      - 边界制度
        - 界标：防损+通知+双方在场重建+惩罚破坏行为的义务
      - 领水：内水、领海　领空：领陆、领水的上空　底土
    - 传统领土取得方式：①先占：无主地+明确意思表示+客观实际控制；②时效：我国不承认；③添附：不得侵犯相邻权+只能基于领土；④征服：非法；⑤割让：非强制合法，强制不合法
    - 现代方式：①殖民地独立：合法；②公民投票：符合国际法原则的前提下，根据相关条约或国内法规定采取
  - 海洋法
    - 海洋水域
      - 内海　领土、完全主权　沿海国权利：船内不管，船外要管
      - 领海　领土、主权受无害通过限制　沿海国权利：船内不管，船外要管
      - 毗连区　无主权　沿海国权利：特定事项管制权（海关、财政、移民、卫生）；其他权利
      - 专属经济区　无主权，需要宣告　沿海国权利：自然资源的勘探开发和管辖权
      - 公海　无主权　普遍管辖权：海盗、非法广播、贩卖奴隶等
      - 大陆架　无主权，无需宣告　200海里以外应知会国际海底管理局并缴纳费用或实物（免缴情形）
    - 群岛水域与国际海峡
      - 群岛水域
        - 群岛国对群岛水域拥有主权
        - 通过制度：无害通过、群岛海道通过制度
      - 国际通行的海峡：根据水域地位，分为内海峡、领海峡、非领海峡
  - 特殊空间
    - 民用航空法
      - 领空主权原则
        - 飞行权
        - 国内航线专营权
      - 反劫机　或起诉或引渡
    - 外层空间法
      - 登记制度：本国登记并向联合国秘书长报告
      - 营救制度：尽力营救、立即通知、安全送还
      - 责任制度
        - 承担
          - 绝对责任：空对地或内空
          - 过错责任：空对外空
        - 只解决跨国损害赔偿
  - 国际环保法
    - 防止气候变化
      - 共同但有区别责任原则
      - 《京都协定书》四种减排折算方式：净排放量、集团方式、排放权交易、绿色交易
    - 《巴黎协定》
      - 生效时间：2016年11月4日
      - 主要内容：强调2020年后适用"国家自主贡献"

第8讲 领 土

考点 11 ▶ 领 土

21. 下列领土取得的方式中，违反现代国际法规则的是：（　　）

A. 甲国宣布先占北极的一部分土地

B. 乙国在与丙国的界河中靠本国一侧填充土方并主张基于添附增加了一部分领土

C. 甲国在公海上建造了人工岛屿并主张该人工岛屿属于本国的领土

D. 甲国强占乙国某一岛屿长达70年，虽然乙国一再表示抗议，但甲国主张基于时效已经取得了该岛屿的领土主权

22. 风光秀丽的尼亚加河是甲、乙两国的界河，两国的边界线确定为该河流的主航道中心线。甲、乙两国间没有涉及界河制度的条约。现甲国提议开发尼亚加河的瀑布资源，相关旅行社也设计了一系列尼亚加河水上旅游项目。根据国际法的相关规则，下列说法正确的是：（　　）

A. 由于尼亚加河是甲、乙两国的界河，因此该河属于甲、乙两国的共同财产

B. 甲、乙两国对尼亚加河有共同的使用权，但不得损害对方国家的利益

C. 甲、乙两国的渔民可以在尼亚加河上自由捕鱼，任何一国不得限制对方国家的渔民到本国一侧捕鱼

D. 甲、乙两国的船舶只要有明显的国籍标志，即可在尼亚加河上平等自由地航行，但一般不能到对岸港口停靠

考点 12 ▶ 两极地区

23. 甲、乙、丙三国均为南极地区相关条约缔约国。甲国在加入条约前，曾对南极地区的某区域提出过领土要求。乙国在成为条约缔约国后，在南极建立了常年考察站。丙国利用自己靠近南极的地理优势，准备在南极大规模开发旅游。根据《南极条约》和相关制度的规定，下列哪些说法是不正确的？（　　）

A. 甲国加入条约意味着其放弃或否定了对南极的领土要求

B. 甲国成为条约缔约国，表明其他缔约国对甲国主张南极领土权利的确认

C. 乙国可以先占其常年考察站

D. 丙国进行旅游开发不得对南极环境系统造成破坏

第 9 讲　海洋法

考点 13 ▶ 海洋水域

24. 关于专属经济区，根据1982年《联合国海洋法公约》等国际法的规定，下列选项中正确的有哪些？（　　）

A. 沿海国对于在专属经济区内仅违反渔业法规的行为的处罚，如有关国家间无相反的协议，不得包括监禁或任何形式的体罚

B. 沿海国在专属经济区的权利仅限于生物资源

C. 沿海国可以制定与公约规定一致的专属经济区法规，并可采取必要的措施以确保其法规得到遵守，包括登临、检查、逮捕和进行司法程序

D. 其他国家的船舶和飞机享有在该区域内航行和飞越的自由

25. 甲国为一沿海发达国家，关于其大陆架，下列说法正确的是：（　　）

A. 甲国对其大陆架享有主权

B. 其他国家不得在甲国的大陆架上铺设海底电缆和管道

C. 对享有完全豁免权的船舶以外的外国船舶，若其违反甲国关于大陆架的法律和规章，甲国可在大陆架上覆水域对该船舶开始紧追

D. 甲国开发从领海基线量起200海里以外的非生物资源要向国际海底管理局交纳一定费用或实物

26. 根据国际法相关原则和规则，下列说法正确的是：（　　）

A. 沿海国在毗连区内可以行使海关、移民、财政、卫生的立法和执法权，并且这种权利及于毗连区上空

B. 内陆国家也可以拥有领水，并且可以根据《联合国海洋法公约》的规定来划定自己的领海

C. 未经沿海国的许可，其他国家不得在沿海国的大陆架或者专属经济区上建立人工岛屿和设施

D. 外国航空器在他国的领海上空不享有无害通过权，但在其专属经济区和大陆架的上空享有无害通过权

27. 国家对于公海上航行的船舶的某种管辖权，可以通过登临权（临检权）来实施。下列关于登临权的说法，正确的有：（　　）

   A. 有权行使登临权的必须为一国的军舰和军用飞机或其他得到正式授权的、有清楚标志可识别的政府船舶或飞机

   B. 只有在公海上的船舶有海盗、贩奴、非法广播和船舶无国籍的情况下，一国才可行使登临权

   C. 如经证实，被临检的船舶并未从事涉嫌行为，则行使临检权的国家需对被临检的船舶造成的损失或损害承担国际责任

   D. 一国的军舰或军用飞机可以对他国享有豁免权的军舰实施临检权

28. 根据《联合国海洋法公约》的规定，沿海国当局如有充分理由认为外国船舶违反该国法律和规章时，可对该外国船舶进行紧追。下列有关沿海国行使紧追权的做法，符合国际法规则的是：（　　）

   A. 甲国商船未经乙国允许，在乙国领海内从事渔业捕捞后离开，乙国商船从领海开始紧追

   B. 甲国船舶在乙国领海内进行科学测量后离开，当该船驶入乙国专属经济区时，被乙国军舰发现，乙国军舰开始行使紧追权

   C. 甲国船舶在乙国领海内进行情报监听，被乙国军舰发觉，进行紧追。途中，乙国军舰失去甲国船舶行踪，在公海逗留。几日后，乙国军舰再次发现甲国船舶行踪，继续进行紧追

   D. 甲国船舶在乙国领海内从事走私，被乙国军舰发觉后进行紧追。甲国船舶驶入丙国领海时，乙国军舰停止紧追

29. 甲国为《联合国海洋法公约》的成员国，也是联合国的会员国。强峰公司为甲国境内一国有公司，主要从事海洋石油资源的开发。2020年，强峰公司在国际海底区域勘探出20平方海里的一个矿区。根据《联合国海洋法公约》及国际法的相关规则和实践，强峰公司的下列哪些做法违背国际法？（　　）

   A. 强峰公司可自主独立开发其所勘探的20平方海里的矿区

B. 强峰公司无权自主独立开发其所勘探的 20 平方海里的矿区，应将该矿区全部交与甲国开发

C. 强峰公司有权独立自主开发该 20 平方海里矿区，但甲国有权获得开发收益的一半

D. 强峰公司应将其勘探的 20 平方海里的矿区划分为价值相当的两块，国际海底局选择一块作为"保留区"，另一块作为"合同区"，由国际海底局与强峰公司签订合同进行开发

考点 14 ▶ 群岛水域与国际海峡

30. 下列关于群岛水域的表述，不正确的是：（　　）

A. 群岛水域是指群岛基线内包含的所有水域，包括其内水

B. 由于群岛国家可以主张群岛水域，因此群岛国不享有专属经济区和大陆架

C. 所有国家船舶享有通过除群岛国内水以外的群岛水域的无害通过权

D. 群岛国可以在群岛水域中行使主权，群岛国可以指定适当的海道和空中通道，以便其他国家的船舶或飞机连续不停地迅速通过或飞越其群岛水域及其临接的领海

31. 关于用于国际航行的海峡，下列表述错误的是：（　　）

A. 由一国的大陆和该国的岛屿构成的海峡，且该岛向海一面的海域有一条在航行和水文特征方面同样方便地穿过公海或专属经济区的航道，则该海峡不适用过境通行制

B. 过境通行制与无害通过制相同

C. 用于国际通行的海峡只能适用过境通行制

D. 黑海海峡适用协定通过制

考点 15 ▶ 无害通过与过境通行

32. 根据《联合国海洋法公约》的有关规定，下列选项正确的是：（　　）

A. 外国飞机在沿海国的领海有飞越的自由

B. 外国船舶在通过沿海国领海时应遵守沿海国制定的分道航行等制度

C. 潜水艇过境通行时必须浮出水面并展示其旗帜

D. 外国军舰可以无害通过沿海国领海

第⑩讲 国际法上的特殊空间

考点 16 ▶ 民用航空法

33. 国际航空法体系由一系列双边和多边条约构成，主要包括以《芝加哥公约》为基础的国际民航基本制度，以《东京公约》《海牙公约》《蒙特利尔公约》为基础的国际民航安全制度和以《华沙公约》为基础的国际民航损害赔偿责任制度。据此，下列说法正确的有：（　　）

A. 对于非法入境的外国民用航空器，国家可以行使主权将其击落
B. 公约的相关制度既可以适用于民用航空器，也可以适用于国家航空器
C. 目前关于国际民航损害赔偿责任采取推定过错原则
D. 危害民用航空器的行为只包括危害"飞行中"的航空器行为

34. 甲国一架拟飞向乙国的民航客机在飞越公海上空时，突然机长遭劫持，飞机被迫转向与乙国相反的丙国并急速飞行，最后飞机迫降丙国。后丙国警方控制并拿捕了该劫机犯。根据《东京公约》《海牙公约》《蒙特利尔公约》的相关规定，下列表述正确的是：（　　）

A. 丙国对该劫机案件拥有管辖权
B. 甲国对该劫机案件无管辖权
C. 因劫机属于普遍管辖的罪行，所以任何一国都可以对该劫机案行使管辖权
D. 如果飞机上有数名乙国公民，则乙国对该劫机案件也可以行使管辖权

考点 17 ▶ 外层空间法

35. 根据《外空物体所造成损害之国际责任公约》的规定，下列说法正确的是：（　　）

A. 发射国对其外空活动造成的任何损失都承担绝对责任，即使是失败的发射
B. 发射国包括事实上发射和促使发射的国家
C. 国家对其非政府实体的外空活动应予监督，并就其造成的损害承担责任
D. 国家发射外空物体如果对本国国民或者应邀请参加或参观发射的外国人造成损害，则不适用《外空物体所造成损害之国际责任公约》

第11讲 国际环保法

考点 18 国际环保法

36. 下列有关环境保护的国际制度之表述，正确的是：（ ）

A. 根据《京都议定书》的规定，控制温室气体排放的方式有集团方式、排放权交易、绿色交易等

B. 《京都议定书》要求所有的当事方在控制温室气体排放方面承担同样的责任和义务

C. 《伦敦海洋倾废公约》将有关废物列举于黑名单、灰名单、白名单等不同的名单之中，其中黑名单内的废物严格限制向海洋倾倒

D. 《巴塞尔公约》禁止当事国将危险废物转移至非缔约国

37. 《联合国气候变化框架公约》《京都议定书》《巴黎协定》是现行有效的关于大气环保的国际公约。甲、乙、丙、丁四国都是这三个公约的缔约国，甲、乙两国属于公约认定的发达国家，丙、丁两国属于公约认定的发展中国家。根据上述三个公约及国际法相关规则和实践，哪些判断是不正确的？（ ）

A. 甲、乙、丙、丁四国都有限制和控制温室气体排放的义务

B. 根据《京都议定书》的规定，甲国可以通过向丙国转让有关绿色技术，相应抵销其部分排放量

C. 根据《京都议定书》的规定，若甲国的排量超过额度，可以向乙、丙、丁三国中任一国购买其低于限额部分的排放量

D. 根据《巴黎协定》的规定，若甲国的排放量超过额度，可以向乙国购买其低于限额部分的排放量

答案及解析

21. 答案 ABCD

解析 先占的对象必须为无主地，北极并非无主地。因此，A当选。

必须在领土上添附才能成为领土，且添附不得损害他国利益。因此，BC当选。

时效要求国家公开地、不受干扰地、长期占有他国领土。因此，D当选。

综上，本题ABCD当选。

解题要领

(1) 先占的两个前提条件：①无主地；②有效占领。

(2) 添附的两个前提条件：①必须在自己的领土上添附；②添附不能损害他方的利益。

(3) 中国不承认时效为领土取得的合法方式。

22. [答案] BD

[解析] 界河沿岸分属两个国家，其水域也由沿岸国进行划分，多以主航道或河道中心线为界。界河分属沿岸国家的部分为该国的领土，处于该国的主权之下，各国在所属水域行使管辖权。因此，A错误。

有关界河的利用不得损害邻国利益，一般应由相关国家协议处理。渔民只能在界河的本国一侧捕鱼，不得越边界线。因此，B正确，C错误。

两国船舶可以在整条河流中航行，但不可以在对方一侧停泊靠岸，除非遇到紧急情况。因此，D正确。

综上，本题BD当选。

解题要领

界河的国际法规则。

23. [答案] ABC

[解析]《南极条约》确立了领土冻结要求，具体包括：①对南极领土不得提出新的或扩大现有要求；②《南极条约》不构成对任何现有的对南极领土主张的支持或否定；③条约有效期间进行的任何活动均不构成主张支持或否定对南极领土要求的基础。因此，AB错误。南极领土冻结并不代表南极为无主地。因此，C错误。

《南极条约》还确定了保护南极环境与资源的原则，在南极进行的任何活动不得破坏南极的环境或生态。因此，D正确。

综上，本题ABC当选。

解题要领

(1) 南极领土冻结制度；

(2) 保护南极环境与资源的原则。

24. 答案 ACD

解析 关于专属经济区，沿海国的权利主要体现在对该区域内以开发自然资源为目的的活动拥有排他性的主权权利和与此相关的某些管辖权，由此对其他国家在该区域的活动构成一定的限制。因此，AC 正确，B 错误。

专属经济区制度不影响其上空和底土本身的法律地位。因此，D 正确。

综上，本题 ACD 当选。

解题要领

(1) 沿海国享有对其专属经济区自然资源的管辖权；

(2) 沿海国对专属经济区的管辖权不能及于其上空和底土。

25. 答案 CD

解析 大陆架不是沿海国领土。因此，A 错误。

所有国家有权在其他国家的大陆架上铺设电缆和管道，但其线路的划定须经沿海国同意，并应顾及现有电缆和管道，不得加以损害。因此，B 错误。

紧追可以开始于沿海国享有管辖权的水域。因此，C 正确。

沿海国开发 200 海里以外大陆架的非生物资源，应通过国际海底管理局并交纳一定的费用或实物。因此，D 正确。

综上，本题 CD 当选。

解题要领

(1) 沿海国对大陆架只享有管辖权，没有领土主权；

(2) 所有国家在其他国家大陆架上都有铺设海底电缆和管道的自由；

(3) 沿海国开发其 200 海里以外的大陆架，必须通知国际海底管理局并向其缴纳一定的费用或实物。

26. 答案 C

解析 沿海国在毗连区只享有一定的管辖权，且这种权利不可及于其上空。因此，A 错误。

内陆国只可能拥有内水，而不可以有领海。因此，B 错误。

沿海国在专属经济区和大陆架上有一定的管辖权，其管辖权通过建立人工岛屿和设施来实施。因此，C 正确。

无害通过权仅适用于外国船舶通过沿海国领海的情况。因此，D 错误。

综上，本题 C 当选。

解题要领

(1) 沿海国在毗连区的管辖权不能及于其上空；
(2) 内陆国家没有领海；
(3) 沿海国在其专属经济区或大陆架上拥有对一定事项的管辖权；
(4) 无害通过只能适用于船舶，不能适用于飞机。

27. [答案] AC

[解析] 登临权的主体：军舰、军用飞机或其他得到授权并有清楚标志可识别的政府船舶和飞机。因此，A 正确。

登临权的对象：公海上的外国船舶，军舰等享有豁免权的除外。因此，D 错误。

登临权适用的情形：海盗、贩奴、非法广播；船舶无国籍；虽挂外国旗或拒不展示船旗，但实与登临军舰属同一国籍。因此，B 错误。

登临权的后果：如错误登临，造成损失，登临国承担国际责任。因此，C 正确。

综上，本题 AC 当选。

解题要领

登临权的主体、对象、适用情形及后果。

28. [答案] D

[解析] 商船不可以作为紧追权的主体。因此，A 不当选。

沿海国在其专属经济区里只享有对自然资源的管辖权，甲国船舶在乙国领海内进行测量后离开，当其驶入专属经济区时，并未侵犯乙国的自然资源管辖权，所以乙国军舰不能在专属经济区内对甲国船舶实施紧追。因此，B 不当选。

紧追不能中断。因此，C 不当选。

紧追可以开始于一国有管辖权的海域，但当船舶进入第三国领海时，紧追必须终止。因此，D当选。

综上，本题D当选。

解题要领

紧追的七个重要考点：①紧追的主体：有公法性质的船舶或飞机；②紧追的对象：在公海上行驶的外国商船；③紧追开始的海域：内海、领海、毗连区、专属经济区、大陆架、群岛水域；④紧追终止的海域：他国领海；⑤紧追的程序：先警告再紧追；⑥紧追的过程必须连续不断；⑦紧追原则上不可以使用武力。

29. [答案] ABC

[解析] 区域内资源开发采取"平行开发制"：一方面由海底局企业部进行；另一方面由缔约国有效控制的自然人或法人与海底局以合作的方式进行。具体做法是：当区域内的一个矿区被勘探后，开发申请者向海底局提供两块价值相当的矿址，海底局选择一块作为"保留区"，另一块作为"合同区"，与申请者签订合同进行开发。因此，ABC的做法违背国际法。

综上，本题ABC当选。

解题要领

国际海底区域的开发制度采用"平行开发制"。

30. [答案] AB

[解析] 群岛水域是指群岛基线内除去内水以外的所有水域。因此，A错误。

群岛国可以和其他沿海国一样主张领海、毗连区、专属经济区和大陆架的权利。因此，B错误。

各国船舶在群岛水域享有无害通过权。因此，C正确。

群岛国可以在群岛水域指定适当的海上和空中通道，各国飞机和船舶均可连续不停地迅速通过。因此，D正确。

综上，本题AB当选。

解题要领

（1）群岛水域的概念及范围；

（2）群岛国亦享有传统的沿海国海域权利；

（3）群岛水域的通过制度有无害通过和群岛海道通过两种，后者需要群岛国家指定才适用，前者兜底适用。

31. [答案] BC

[解析] 适用公海自由通过的海峡是在该海峡中有公海或专属经济区的航道；适用无害通过的国际航行海峡，是由一国的大陆和该国的岛屿构成的海峡，且该岛向海一面的海域有一条在航行和水文特征方面同样方便地穿过公海或专属经济区的航道。特别协定制度是指某些海峡的通过制度是由专门针对该海峡缔结的国际公约规定的，如黑海海峡、麦哲伦海峡等就分别适用各自专门条约所规定的制度。因此，AD正确，BC错误。

综上，本题BC当选。

[解题要领]

用于国际航行的海峡可能适用四种通过制度：①过境通行制度；②无害通过制度；③公海自由航行制度；④特别协定制度。它们的关系是②③④为例外适用，①是兜底适用。

32. [答案] BD

[解析] 外国飞机飞越沿海国领空必须经沿海国批准。因此，A错误。

外国船舶通过沿海国领海时必须遵守沿海国制定的分道航行等制度。因此，B正确。

潜水艇无害通过时必须浮出水面并展示旗帜，但过境通行时并不要求必须浮出水面。因此，C错误。

《联合国海洋法公约》并不限制外国军舰的无害通过权。因此，D正确。

综上，本题BD当选。

[解题要领]

(1) 领海的无害通过制度；

(2) 过境通行与无害通过的区别；

(3)《联合国海洋法公约》并不限制外国军舰无害通过沿海国领海的权利，但中国在批准《联合国海洋法公约》时对这条做出了保留。

33. [答案] C

[解析] 一国对本国境内的外国航空器只能命令其迫降或离去，不能将其击落。因此，A错误。

题干中的五个国际公约均是针对国际民用航空器，因此公约的相关制度不能适用于国家航空器。因此，B错误。

根据《华沙公约》的规定，国际民航损害赔偿责任采取"推定过错原则"。因此，C 正确。

危害民用航空器的行为既包括危害"飞行中"的航空器，也包括危害"使用中"的航空器。"飞行中"是指航空器从装载完毕、机舱外部所有舱门都已关闭时开始，直到其任一外部舱门打开准备卸货时止；"使用中"是指自地面或机组人员为某一特定飞行而对航空器进行飞行前准备时起，到降落后 24 小时内止。因此，D 错误。

综上，本题 C 当选。

解题要领

(1) 领空主权原则；
(2) 国际民航损害赔偿责任制度；
(3) 危害民用航空器中航空器的范围。

34. [答案] AD

[解析] 根据三个反劫机公约的规定，下列国家均拥有对于危害民航安全罪行的管辖权：①航空器登记国；②航空器降落地国，当犯罪嫌疑人仍在航空器内；③承租人的营业地国或常住地国，当航空器是不带机组的出租；④嫌疑人所在国；⑤嫌疑人国籍国或永久居所国；⑥犯罪行为发生地国；⑦罪行后果涉及国，包括受害人国籍国或永久居所国、后果涉及领土国、罪行危及其安全的国家；⑧根据本国法行使管辖权的其他国家。因此，AD 正确。

综上，本题 AD 当选。

解题要领

(1) 对于劫机犯，适用"或起诉或引渡"原则；
(2) "劫机"属于有关国际条约确认的普遍管辖的罪行范围。

35. [答案] BCD

[解析] 发射国对其空间物体在地球表面或给飞行中的飞机造成的损害，应负有赔偿的绝对责任。发射国对其空间物体在地球表面以外的其他任何地方给其他国家的空间物体或所载人员或财产造成的损害，负有赔偿的过错责任。可见，发射国并不是对外空活动造成的任何损失都承担绝对责任。因此，A 错误。

根据《外空物体所造成损害之国际责任公约》的有关规定，国家对其外空活动承担国际责任，不论这种活动是其政府部门或非政府实体从事的。发射国包括发射或促使发射空间物体的国家以及从其领土或设施发射空间物体的国家。发射国的空间物体对下列两种人员造成的损害不适用《外空物体所造成损害之国际责任公约》：①该国国民；②在空间物体从发射至降落的任何阶段内参加操作的或者应发射国的邀请而留在紧接预定发射或回收区地带的外国国民。因此，BCD 正确。

综上，本题 BCD 当选。

解题要领

(1) 外空对外空承担过错责任；外空对地面和内空承担绝对责任。

(2) 发射国是指广义的与发射有关的所有国家。

(3)《外空物体所造成损害之国际责任公约》主要解决跨国损害赔偿。

36. 【答案】AD

【解析】《京都议定书》重申和体现了国际环境保护的基本原则，特别是共同但有区别的责任原则，并且确立了控制温室气体排放的方式有集团方式、排放权交易、绿色交易、净排放量方式等。因此，A 正确，B 错误。

《防止倾倒废物及其他物质污染海洋的公约》（即《伦敦海洋倾废公约》）采用了物质分类名单和许可证制度。对于从船舶、航空器、平台等向海洋倾倒的废物，分为禁止倾倒的"黑名单"所列物质、需国家颁发"特别许可证"的"灰名单"所列物质和需得到"一般许可证"的"白名单"所列物质，以此控制向海洋倾倒废物。因此，C 错误。

《控制危险废物越境转移及其处置巴塞尔公约》（即《巴塞尔公约》）明确规定，不得向非缔约国出口或自非缔约国进口危险废物。因此，D 正确。

综上，本题 AD 当选。

解题要领

(1)《京都议定书》规定的控制温室气体排放的方式有集团方式、净排放量方式、绿色交易、排放权交易四种；

(2)《京都议定书》重申了"共同但有区别的责任原则"；

(3)《伦敦海洋倾废公约》规定，列入"黑名单"的物质禁止倾倒，列入"灰名单""白名单"的物质倾倒需要申领许可证；

(4)《巴塞尔公约》规定，危险废物的出口方和进口方都必须是公约的缔约国。

37. [答案] CD

[解析] "共同但有区别的责任原则"适用于防止气候变化的所有公约。因此，A 正确。

根据《京都议定书》的规定，绿色交易存在于发达国家与发展中国家之间，排放权交易存在于发达国家之间。因此，B 正确，C 错误。

《巴黎协定》确立了 2020 年后采用"国家自主贡献"这一灵活减排机制，不再设置强制的减排额度，也不存在排放权交易的说法。因此，D 错误。

综上，本题 CD 当选。

[解题要领]

(1) 大气环保公约均适用"共同但有区别的责任原则"；

(2)《京都议定书》中规定的排放权交易只能存在于发达国家之间，绿色交易存在于发达国家与发展中国家之间；

(3)《巴黎协定》确立了 2020 年后采用"国家自主贡献"这一灵活减排机制。

专题 5　国际法上的个人

国际法上的个人

中国国籍制度

- **基本原则**：不承认双重国籍（不等于实际上不存在）
- **国籍取得**
  - 原则：只要父母一方为中国籍，子女即可取得中国籍
    - 父母均无国籍或国籍不明＋定居中国＋子女出生在中国境内，该子女为中国籍
  - 例外：父母任一方或双方定居国外＋子女出生在外国时即获得外籍，则该子女不可获得中国籍
- **国籍丧失**
  - 自动丧失：定居国外＋自愿加入或取得外国国籍
  - 申请丧失：申请条件：外国人的近亲属、定居在国外、其他正当理由（获批丧失）
  - 不得申请退籍：国家工作人员及现役军人
- **审批机关**：受理申请：当地市县公安局，中国外交代表机关和领事机关；公安部审批并发给证书

中国《出入境管理法》
- 出入境管理机构　签证　外国人停留居留　外国人出境

外交保护
- **性质**：国家属人管辖权的重要体现；国家权利而非义务，无需以受害者请求为前提；在国家之间进行
- **实施条件（需同时具备）**：用尽当地救济；一国国民遭受所在国家不当行为侵害；国籍继续原则

引渡和庇护

- **引渡**
  - 性质：无条约即权利，有条约即条约规定的义务
  - 引渡的四个基本原则：①本国国民不引渡；②双重犯罪原则；③政治犯不引渡；④罪名特定原则
  - 我国引渡程序
    - 对外机关：外交部
    - 内部决策机关
      - 引出：最高院指定的高院裁定，最高院复核
      - 引入承诺：量刑最高院，限制追诉最高检，外交部意思传递，公安部接收犯罪嫌疑人及财物
  - 效果：罪名特定原则
  - 外国向我国请求引渡的附加条件
    - 必要条件：刑诉：所引渡之罪均为1年以上或更重；尚未服的刑期至少为6个月
    - 应当拒绝引渡的情形
    - 可以拒绝引渡的情形

- **庇护**
  - 性质：国家基于属地管辖权引申出的权利；是一国的权利而非义务
  - 条件：基于领土＋允许入境并居留＋拒绝引渡

- **四个罪行问题**
  - 战争犯＋种族灭绝、隔离犯＋侵犯外交代表犯：或起诉或引渡或驱逐出境
  - 劫机犯：或引渡或起诉

第 12 讲　中国国籍制度

考点 19 ▶ 中国国籍制度

38. 一对中国夫妇，在美国逗留期间生下一女。关于其女的国籍，下列说法正确的是：（　　）

  A. 该女孩只能具有美国国籍

  B. 该女孩同时具有中国和美国国籍

  C. 该女孩只能具有中国国籍

  D. 其父母可以选择该女孩具有中国国籍或美国国籍

39. 李某出生在甲国，其母亲是乙国公民，父亲是丙、丁双重国籍人。如果甲、丙两国对原始国籍的取得采取纯粹的单系血统主义，乙、丁两国都采取纯粹的出生地主义，则李某具有哪国国籍？（　　）

  A. 甲国国籍

  B. 丙国国籍

  C. 乙、丙双重国籍

  D. 甲、乙、丙、丁四国国籍

第 13 讲　《中华人民共和国出境入境管理法》

考点 20 ▶《中华人民共和国出境入境管理法》

40. 约翰系美国一家微电子公司的高级工程师，中国华瑞高科技公司（以下简称"华瑞公司"）为引进海外优秀人才，拟邀请约翰来华瑞公司工作。基于此，华瑞公司向约翰发出了邀请函。关于约翰来华工作的签证、居留和出境的有关事项，下列说法错误的有：（　　）

  A. 华瑞公司可将发送邀请函的事项委托某旅行社办理，且华瑞公司无需对邀请函的真实性负责

  B. 约翰应至中国驻美国大使馆办理公务签证

C. 约翰入境后应至中国有关部门办理工作类居留证件，该类居留证件有效期最长为 10 年
D. 约翰在华涉诉，则一律不准其出境

第14讲 外交保护

考点 21 ▶ 外交保护

41. 根据国际法的相关规则和实践，甲国可以在下列哪一情况下行使外交保护？（　　）

A. 甲国一公司为拓展海外业务至乙国投资，投资期间遇到非法征收，用尽乙国一切可行使的司法和行政救济手段均无效后，该公司要求甲国对其行使外交保护

B. 甲国一公司在乙国投资经营过程中，因一起合同诈骗而遭受巨大损失，因而到甲国驻乙国使馆要求外交保护

C. 甲国一公司在乙国经商期间，由于无法忍受乙国沉重的税收负担，遂请求甲国对其行使外交保护

D. 甲国一公民在乙国参与诉讼，在案件审理过程中，由于决定案件的重要证人未出庭作证，而导致甲国公民在诉讼中败诉，甲国公民因此要求甲国对其行使外交保护

42. 甲国男子鲍威尔自 2020 年起经常往返于甲、乙两国从事贸易活动。2021 年 6 月，乙国遭遇恐怖袭击，多处公共设施被摧毁，人员伤亡若干，乙国警方迅速展开反恐行动。2021 年底，鲍威尔在进入乙国关境时被乙国警方以疑似恐怖分子为由扣押，扣押期间乙国警方对其刑讯逼供，造成鲍威尔身体和精神严重损害。关押 1 个月后，乙国警方认定鲍威尔不是恐怖分子，将其释放。对鲍威尔无辜被扣押并被刑讯逼供的事件，甲国政府拟行使外交保护。根据国际法的相关规则和实践，下列哪些选项构成甲国行使外交保护的必要条件？（　　）

A. 在甲国提出外交保护之前，鲍威尔必须用尽乙国的所有行政和司法救济手段

B. 自受害行为发生起到外交保护结束的期间内，鲍威尔必须持续拥有甲国国籍

C. 鲍威尔已向甲国提出外交保护的请求

D. 自受害行为发生起到外交保护结束的期间内，鲍威尔必须持续居住在乙国

第15讲 引渡和庇护

考点 22 ▶ 引渡和庇护

43. 在国家间没有特别协定的情况下，下列关于外交保护、引渡和庇护的说法，正确的是：（　　）

A. 外交保护和庇护均须以"用尽当地救济"为前提

B. 种族隔离、劫持飞机或侵害外交代表等罪行不应视为政治犯罪，可以引渡

C. 一国拒绝将因政治原因而受到追捕的外国人引渡给其本国，就意味着对该外国人进行庇护

D. 引渡成功后，引渡请求国可以自由决定对被引渡者在引渡前实施的其他在引渡时未被指控的犯罪追究刑事责任

44. 中国公民乔某5年前因走私案逃亡南海国。南海国与中国没有引渡条约。南海国表示，如中国对乔某被指控犯罪有确凿证据，且承诺不对其判处死刑，则可将其引渡给中国。根据中国《引渡法》的规定，下列判断正确的有：（　　）

A. 引渡请求应通过中国外交部向南海国提出

B. 如情况紧急，可在正式提出引渡请求前，通过外交途径请求南海国对乔某先行采取强制措施

C. 中国对于上述引渡所附条件是否承诺，由最高人民检察院决定

D. 如南海国同意引渡，由中国公安机关负责对乔某的接收

45. 甲国于2021年发生军事政变，政变军人推翻现政权后实行军事管制并组建军政府，甲国前总统呼吁国际社会帮助甲国恢复宪法秩序。下列说法正确的是：（　　）

A. 我国驻甲国使领馆接受中国侨民进入使领馆避难

B. 甲国前总统进入乙国驻甲国大使馆避难，政变军人照会使馆要求将总统移交军政府，得不到答复时强行进入使馆将总统带走

C. 联合国安理会召开紧急会议磋商，经2/3成员国同意可向甲国派遣军事观察团

D. 甲国政变后，丙国宣布承认军政府是属于对甲国国家的承认

46. 中国人乔某某在中国犯有严重贪污犯罪，2021年8月，乔某某持假护照逃至甲国。2023年3月，我国向甲国提出了引渡乔某某的请求。现已知中国和甲国均为《维也纳外交关系公约》缔约国，中国与甲国之间无双边引渡条约。根据国际法相关规则和实践，下列选项不正确的有：（　　）

A. 乔某某在甲国为非法入境者
B. 甲国有义务将乔某某引渡给中国
C. 若甲国同意引渡乔某某，则由外交部负责接收乔某某
D. 甲国可以既不引渡乔某某，也不给予乔某某庇护

答案及解析

38. [答案] D

[解析] 该女孩父母都是中国国籍，即使出生在外国，也可以具有中国国籍。因此，A错误。

中国不承认双重国籍。因此，B错误。

美国采取出生地主义，该女孩可能具有美国国籍。因此，C错误。

根据中国《国籍法》第5条的规定，父母双方或一方为中国公民，本人出生在外国，具有中国国籍；但父母双方或一方为中国公民并定居在外国，本人出生时即具有外国国籍的，不具有中国国籍。因此，D正确。

综上，本题D当选。

[解题要领]

（1）中国不承认双重国籍；

（2）美国采用"出生地主义"原则，中国采用"血统为主，兼采出生地主义"原则。

39. [答案] B

[解析] 甲国、丙国对原始国籍的取得采取纯粹的单系血统主义，而李某出生在甲国，其母亲是乙国公民，父亲是丙、丁双重国籍人。李某可以具有丙国国籍，但不能具有甲国国籍。因此，A错误，B正确。

乙、丁两国都采取纯粹的出生地主义，而李某出生在甲国，所以李某不可能具有乙、丁两国国籍。因此，CD错误。

综上，本题B当选。

解题要领

国籍取得的两种主要原则：血统主义和出生地主义。

40. [答案] ABCD

[解析] 邀请函的出具单位应对其真实性负责。因此，A错误。

约翰办理的应是"普通签证"中的"人才引进"类别。因此，B错误。

工作类居留证件的有效期为90日~5年。因此，C错误。

涉诉应区分案件的性质：如为刑事案件，一律不准出境；如为民事案件，法院不准出境的才不准出境。因此，D错误。

综上，本题ABCD当选。

解题要领

本题涉及《出境入境管理法》的有关规定，主要包括：①邀请函的出具单位必须对其真实性负责；②为吸引海外优秀人才，普通签证中增加了"人才引进"类别；③工作类居留证件与非工作类居留证件的有效期；④对外国人处以限期出境的情形。

41. [答案] A

[解析] 外交保护或外交保护权，是指一国国民在外国受到不法侵害，且依该外国法律程序得不到救济时，其国籍国可以通过外交方式要求该外国进行救济或承担责任，以保护其国民或国家的权益。国家行使外交保护权一般应符合三个条件：①一国国民权利受到侵害是由于所在国的国家不当行为所致；②受害人自受害行为发生起到外交保护结束的期间内，必须持续拥有保护国国籍，这称为"国籍继续原则"；③在提出外交保护之前，受害人必须用尽当地法律规定的一切可以利用的救济办法，包括行政和司法救济手段。A三个条件均具备，因此当选。BC未表明行为归因于国家，且未表明用尽当地救济手段，因此不当选。D未表明用尽当地救济手段，因此不当选。

综上，本题A当选。

解题要领

外交保护的提起必须同时满足三个前提条件：①实际损害原则且损害

归因于国家；②国籍继续原则；③用尽当地救济原则。

42. [答案] AB

[解析] 行使外交保护必须具备以下三个条件：①一国国民权利受损害是由于所在国的国家不当行为所致；②国籍继续原则；③用尽当地救济原则。根据以上，AB构成必要条件。

综上，本题AB当选。

[解题要领]

外交保护行使的前提条件。

43. [答案] B

[解析] "用尽当地救济"是外交保护的前提条件，但不是庇护的前提条件。因此，A错误。

政治犯不得引渡，B所列的行为不属于政治犯，可以引渡。因此，B正确。

不引渡不等于庇护，庇护是一国的权利，而非义务。因此，C错误。

引渡请求国只能就其请求引渡的特定犯罪行为对该被引渡人进行审判或处罚，这被称为"罪名特定原则"。因此，D错误。

综上，本题B当选。

[解题要领]

(1) 外交保护以"用尽当地救济"为前提条件；

(2) 不得被视为政治犯的罪行；

(3) 引渡和庇护都是一国的权利而非义务；

(4) 引渡中的"罪名特定原则"。

44. [答案] ABD

[解析] 根据《引渡法》第47条的规定，中国向外国请求引渡的，应通过外交部向外国提出请求。因此，A正确。

根据《引渡法》第48条的规定，在紧急情况下，可以在向外国正式提出引渡请求前，通过外交途径或者被请求国同意的其他途径，请求外国对有关人员先行采取强制措施。因此，B正确。

根据《引渡法》第50条第1款的规定，对于限制追诉的承诺，由最高人民检察院决定；对于量刑的承诺，由最高人民法院决定。本题中属于量刑的承诺，应由最高人民法院决定。因此，C 错误。

根据《引渡法》第 51 条第 1 款的规定，公安机关负责接收外国准予引渡的人以及与案件有关的财物。因此，D 正确。

综上，本题 ABD 当选。

解题要领

中国《引渡法》的相关规定。

45. 答案 A

解析 中国驻外使领馆有护侨的责任。因此，A 正确。

国际法认可的庇护只包括领土庇护，不认可域外庇护（也叫外交庇护），B 属于域外庇护。因此，B 错误。

联合国安理会对于实质性事项需要 15 票中的 9 票赞成票，而且要有五大常任理事国的一致票。因此，C 错误。

D 属于政府承认，不是国家承认。因此，D 错误。

综上，本题 A 当选。

解题要领

(1) 中国驻外使领馆的职责。

(2) 国际法不认可域外庇护；使馆绝对豁免，不经馆长同意，绝对不可以进入。

(3) 联合国安理会对实质性事项的表决程序。

(4) 政府承认不涉及领土变更，只是执政党的变动。

46. 答案 BC

解析 乔某某持假护照进入甲国，故在甲国为非法入境者。因此，A 正确。

引渡为国际司法协助行为，故无条约则无引渡义务。因此，B 错误。

在引渡中，接收犯罪嫌疑人的为公安部。因此，C 错误。

引渡和庇护均为一国的权利而非义务。因此，D 正确。

综上，本题 BC 当选。

解题要领

(1) 引渡、庇护都是一国的权利而不是义务；

(2) 引渡的程序。

专题 6　外交关系与领事关系法

- **外交关系与领事关系**
  - **外交机关和使领馆人员**
    - 外交机关：①中央外交机关；②外交代表机关：常驻（使馆、驻国际组织的常驻代表）、临时（事务性、礼节性使团）
    - 使馆人员
      - 外交人员
        - ①馆长　　大使、公使、代办
        - ②一般外交人员　参赞、武官、外交秘书、随员
        - ③特别使团　享领事级特权豁免
      - "不受欢迎"与"不被接受"：仅"外交人员"可称为"不受欢迎的人"
  - **外交人员和领事官员的特权与豁免**
    - 不同点
      - 代表权限
        - 使馆代表中央，全能对外交往机关，一般有政治职能
        - 领馆代表地方，非政治职能的对外交往机关，一般无政治职能
      - 馆舍豁免程度
        - 使馆馆舍绝对豁免，非经馆长同意绝不可进入
        - 领馆馆舍相对豁免，特殊情况可推定馆长同意而进入
      - 财产征用
        - 使馆馆舍及财产不可征用
        - 领馆馆舍及财产必要时可以征用，但应给予一定补偿
      - 邮袋
        - 外交绝不可开拆
        - 有重大理由，派遣国代表在场时领馆邮袋可开拆
      - 人身
        - 使馆外交人员人身绝不可侵犯
        - 领事官员犯严重罪行或执行裁决时除外
      - 行为豁免程度
        - 使馆外交人员刑事管辖完全豁免，其他相对豁免
        - 领事官员执行职务行为豁免，非职务行为不豁免
      - 作证义务
        - 外交人员完全免除作证义务
        - 领事官员执行职务作证义务免除，非职务的作证义务不免除
    - 相同点
      - 不受欢迎的人与不被接受的人
      - 免税都不包括间接税和遗产税
      - 放弃自己特权和豁免时，都必须由派遣国明示放弃

第16讲 外交机关与使领馆人员

考点 23 ▶ 外交机关

47. 下列各项是甲国驻乙国使馆作出的行为,根据《维也纳外交关系公约》的规定,属于违法执行使馆职务行为的是:(   )

A. 在合法前提下采取了一切手段调查乙国的政治、经济等情况并向甲国报告

B. 利用使馆馆舍庇护接受国的公民

C. 不经接受国同意,受未在乙国派有外交代表的丙国委托保护丙国及其国民在乙国的利益

D. 介入接受国国内的党派斗争

48. 根据《维也纳外交关系公约》和《维也纳领事关系公约》的规定,下列表述正确的是:(   )

A. 外交人员的寓所即使不在使馆建筑内,非经外交人员同意,驻在国也不得对其实施搜查

B. 外交人员的特权和管辖豁免可以由其派遣国放弃,包括明示和默示的放弃

C. 领事官员的寓所、文书和信件以及财产有不受侵犯的特权

D. 领事官员人身自由受到一定程度的保护,但若其在接受国有违反交通法规情形,应予以拘留

考点 24 ▶ 使馆人员

49. 甲是 A 国派驻 C 国的参赞,乙是 B 国派驻 C 国的领事。对于甲、乙在任职期间的下列行为,根据《维也纳外交关系公约》和《维也纳领事关系公约》的规定,哪些判断是正确的?(   )

A. 甲在 C 国自驾车旅游时发生交通肇事行为,对此 C 国没有管辖权

B. 乙在表明领事身份后,以领馆的名义向 C 国某公司购买一栋房屋,因欠款被售房公司起诉,对此 C 国没有管辖权

C. 乙在闲暇娱乐时与 C 国人丙发生口角,将丙殴打至重伤,对此 C 国没有管辖权

D. 甲在 C 国以私人身份参与继承诉讼,对此 C 国没有管辖权

50. 丹迪为 A 国派往 B 国的大使，西蒙为 A 国派往 B 国的武官。已知 A、B 两国均为《维也纳外交关系公约》的缔约国，关于丹迪和西蒙的派遣，根据《维也纳外交关系公约》的规定，下列选项错误的有：（　　）

A. 丹迪和西蒙的派出需要征得 B 国的同意

B. 丹迪和西蒙的职务均自 B 国颁发相关任职证书时开始

C. 当丹迪被 B 国宣布为"不受欢迎的人"时，如果 A 国拒绝将其调回国内，则丹迪将继续保持其馆长身份而 B 国不得予以终止

D. 当西蒙被 B 国宣布为"不受欢迎的人"后，A 国应立即重新派遣一名武官

第17讲　外交及领事特权与豁免

考点 25 ▶ 外交及领事特权与豁免

51. 甲是 A 国驻 B 国大使馆的商务参赞，乙是 C 国驻 B 国大使馆的随员。甲与 B 国人丙发生债务纠纷。甲向 B 国法院对丙提起民事诉讼，丙对甲就同一债务关系提起反诉，并要求乙作为证人出庭作证。根据国际法规则，下列哪些判断是正确的？（　　）

A. 尽管甲具有民事豁免权，B 国法院仍可受理对甲的反诉

B. 对外交人员免除作证义务，因而乙没有义务出庭作证

C. 乙具有出庭作证的义务，如果其拒绝出庭作证，B 国可依其国内法强制其出庭作证

D. 甲、丙之间的债务纠纷应通过外交途径解决

答案及解析

47. [答案] BCD

[解析]《维也纳外交关系公约》规定的使馆的职务主要有五项：①作为派遣国在接受国的代表，在处理派遣国和接受国之间的事务中，全面代表派遣国；②在国际法许可的范围内，保护派遣国及其国民的各项利益；③代表派遣国政府与接受国政府进行各项事务的谈判和交涉；④可以以一切合法

的手段，调查接受国的各种情况，并及时向派遣国作出报告；⑤促进派遣国和接受国之间的友好关系，发展两国政治、经济、文化等各方面的合作。另外，使馆经约定还可以执行国际法允许的其他职务，如领事职务；经接受国同意，还可以受托保护未在接受国派有外交代表的第三国及其国民在接受国的利益。这种情况下，接受国有权决定是否同意，C即属于未经接受国同意的情况，是违反国际法的。因此，C当选。

除了应该履行的职务外，使馆及其外交代表还承担着一定的义务，如需尊重接受国的法律规章，不得干涉接受国的内政。D介入接受国国内的党派斗争即属于干涉他国内政。因此，D当选。

使馆馆舍不得用于与使馆职务不相符的其他用途。B利用使馆馆舍庇护接受国的公民即属于与使馆职务不相符的其他用途。因此，B当选。

A是使馆五项主要职务中的一种。因此，A不当选。

综上，本题BCD当选。

解题要领

《维也纳外交关系公约》规定的使馆的职务。

48. [答案] A

[解析] 使馆馆舍绝对豁免，包括外交人员的不在使馆内的私人寓所。因此，A正确。

外交人员的特权和管辖豁免可以由其派遣国放弃，但必须由派遣国明示放弃。因此，B错误。

领事关系公约没有规定领事官员的寓所、文书和信件以及财产有不受侵犯的特权。因此，C错误。

领事官员人身自由受到一定程度的保护，包括接受国对领事官员不得予以逮捕候审或羁押候审，不得监禁或以其他方式拘束领事官员的人身自由，但犯有严重罪行或司法机关已裁判执行的除外。因此，D错误。

综上，本题A当选。

解题要领

（1）使馆馆舍绝对豁免，而且包括使馆工作区、休息区、私人寓所；领馆则仅限于工作区。

（2）外交人员的特权和豁免只能由派遣国明示放弃。

（3）领事官员人身一般不可侵犯，但犯有严重罪行的除外。

49. [答案] AB

[解析] 甲系外交人员，外交人员拥有完全的刑事管辖豁免。因此，A 正确。

乙系领事人员，领事人员执行职务的行为豁免，非职务行为不豁免。因此，B 正确，C 错误。

D 中甲以私人身份参与继承引起的诉讼属于有例外的民事管辖豁免，C 国有管辖权。因此，D 错误。

综上，本题 AB 当选。

[解题要领]

外交人员刑事管辖完全豁免，其他相对豁免；领事官员执行职务的行为豁免，其他非职务行为不豁免。

50. [答案] BCD

[解析] 五类人的派遣必须事先征得接受国同意：使馆馆长、武官、领馆馆长、特别使团、不具有派遣国国籍的人。因此，A 正确。

使馆馆长和领馆馆长职务的开始均必须履行特殊手续。因此，B 错误。

使馆馆长被宣布为"不受欢迎的人"后，将不得继续保持馆长的身份。因此，C 错误。

武官并非两国交往必须派遣的外交人员。因此，D 错误。

综上，本题 BCD 当选。

[解题要领]

（1）外交人员和领事官员的派遣与职务开始；

（2）"不受欢迎的人"。

51. [答案] AB

[解析] 根据《维也纳外交关系公约》的规定，甲虽然享有民事豁免权，但由于该诉讼是甲首先提起的，甲对丙提起的反诉不具有民事豁免权。因此，A 正确，D 错误。

与管辖豁免相关的外交代表还被免除作证义务，不仅不得被迫在法律程序中作为证人出庭作证，而且没有提供证词的义务。因此，B 正确，C 错误。

综上，本题 AB 当选。

解题要领

（1）外交人员具有完全的刑事管辖豁免，其他相对豁免；

（2）外交人员免除完全的作证义务。

专题 7 国际争端解决

- **国际争端解决**
  - **解决方式**
    - 传统
      - 强制
        - 非法：战争、武力、干涉
        - 平时封锁，仅安理会
        - 反报（针对合法行为）、报复（针对违法、违约）
      - 非强制
        - 政治方法：谈判协商、调查和解、斡旋（第三国促使但不参加）、调停（第三国参加）
        - 法律方法：仲裁、诉讼
    - 现代
      - 政治方法：国际组织方法：不得违反联合国宪章、不得与联合国行动抵触
      - 法律方法：仲裁与诉讼
  - **法律解决方法**
    - 国际常设仲裁法院
      - 性质：专门受理国家间仲裁案的常设仲裁机构
      - 组成：仲裁员名单：由缔约的每个国家各自遴选4名精通国际法并享有崇高道德声誉的法学专家；各国提名不限于本国国籍的人；仲裁员可连选连任，任期为6年
      - 仲裁程序：秘密评议、多数票裁决；一裁终局；无执行；3个月内请求仲裁庭作出解释
    - 国际法院
      - 法官
        - 唯一回避理由：就任前曾参与该案
        - 专案法官：一方有自己人，另一方也可派1名，双方都没有都可派1名
      - 管辖权
        - 诉讼管辖权
          - 对人管辖（仅国家）：联合国会员国、国际法院规约的当事国、预先向书记处交存声明表示愿意接受管辖的国家
          - 对事管辖：自愿管辖、协定管辖、任择强制管辖
        - 咨询管辖权：仅联合国专门机构或其他机构可以请求（国家、团体、个人都无权）；没有法律约束力
      - 执行
        - 终局性：一方拒不履行判决，他方可向安理会申诉作出建议或执行判决；可以请求国际法院作出解释；新事实可以申请法院复核
    - 国际海洋法庭
      - 性质：不排除国际法院对海洋争端的管辖，由争端当事国选择
      - 管辖权
        - 诉讼当事人
          - 国际海底管理局、平行开发合同的自然人或法人；限制：用尽当地救济、自然人或法人之担保国或国籍国应邀参加司法程序
          - 公约缔约国；授予法庭管辖权之国

第18讲 国际争端的解决方式

考点 26 ▶ 国际争端的解决方式

52. 甲、乙两国因某岛屿的归属问题，常年交战，积怨甚深。丙国出面使甲、乙两国重开谈判，并为岛屿的归属问题提出解决方案。但甲国表示反对，丙国在说服未果的情况下，派军舰在甲国近海进行军事示威，以迫使甲国接受其方案。根据国际法，下列表述正确的是：（　　）

A. 丙国使甲、乙两国重开谈判，并提出解决方案属于调停

B. 丙国使甲、乙两国重开谈判，并提出解决方案属于斡旋

C. 丙国的军事示威行为是现代国际法承认的解决争端的方式

D. 丙国的军事示威行为已构成干涉

第19讲 国际争端的法律解决方法

考点 27 ▶ 国际常设仲裁法院

53. 甲、乙两国因某岛屿的归属问题，常年交战，积怨甚深。2014年，甲、乙两国协议将该岛屿归属纠纷提交国际常设仲裁法院解决。关于国际常设仲裁法院的说法，以下选项正确的有：（　　）

A. 国际常设仲裁法院属于国际法院的一个分支机构，当事人如对其作出的裁决不服，可以请求国际法院作出解释

B. 国际常设仲裁法院的当事人可以是国家、法人和自然人

C. 国际常设仲裁法院的"仲裁员名单"由各国提名的法学专家组成，且各国提名仅限于本国国籍的人

D. 国际常设仲裁法院的评议必须秘密进行

考点 28 ▶ 国际法院

54. 国际法院在对国家间的争端行使管辖权时，应满足以下哪些条件？（　　）

A. 争端当事国一方在另一方不同意的情况下，将争端提交国际法院

B. 争端当事国双方均为《国际法院规约》的当事国，且都声明接受国际法院根据《国际法院规约》第 36 条规定的管辖权

C. 争端当事国双方达成协议，同意将问题提交国际法院解决

D. 在争端当事国双方同为当事国的国际条约中规定争端应由国际法院解决

考点 29 ▶ 国际海洋法法庭

55. 下列有关国际海洋法法庭的表述，错误的是：（　　）

A. 国际海洋法法庭的建立排除了国际法院对海洋纠纷的管辖权

B. 只有国家和国际海底管理局才能成为国际海洋法法庭的诉讼当事方

C. 国际海洋法法庭可以解决两国因岛屿主权而产生的纠纷

D. 自然人或法人作为法庭当事人有两项限制，其一是用尽当地救济，其二是国籍国或担保国也应邀参加司法程序

56. 甲、乙两国为沿海邻国，由于其部分岛礁的归属问题，两国产生了激烈的武装冲突，战火有进一步蔓延的趋势。已知甲、乙两国均为联合国会员国及《联合国海洋法公约》的缔约国。针对此事态，如果拟通过联合国安理会采取相关措施以实现停火和稳定局势。根据《联合国宪章》的有关规定，下列表述不正确的有：（　　）

A. 针对甲、乙两国的争议，丙国可为支持甲国出面进行干涉

B. 针对甲、乙两国的争议，丙国可出面进行调停，且必须对调停的后果承担法律责任

C. 甲、乙两国可达成协议，将争议提交国际常设仲裁法院解决

D. 由于甲、乙两国均为《联合国海洋法公约》的缔约国，国际海洋法法庭拥有对本案的管辖权

答案及解析

52. [答案] AD

[解析] 斡旋和调停的不同点是：斡旋只是第三方促使当事国进行谈判，提出建议或转达当事国的建议，但第三方一般不参与谈判；调停方则以中间人的身份推动和协助争端当事国采取和平方式解决争端，包括提出建议作为

争端当事国进行谈判的基础,而且直接参加争端当事国之间的谈判,以促使争端当事国达成妥协。调停方提出的建议对争端方并没有法律约束力,因而不能强迫当事方接受。本题丙国的做法属于调停。因此,A正确,B错误。

军事威胁构成干涉,是强制解决国际争端的方法,被现代国际法所禁止。因此,C错误,D正确。

综上,本题AD当选。

解题要领

(1) 斡旋与调停的区别在于,前者第三方不参与,后者第三方参与;
(2) 现代国际法不承认干涉作为国际争端解决的一种合法方式。

53.

[答案] D

[解析] 国际常设仲裁法院是一个独立的常设仲裁机构,其当事人只能是国家,"仲裁员名单"由各国提名的法学专家组成,并且可以提名不具有本国国籍的人。因此,ABC错误,D正确。

综上,本题D当选。

解题要领

(1) 国际常设仲裁法院与国际法院是两个独立的司法机构;
(2) 国际常设仲裁法院的当事人只能是国家;
(3) 国际常设仲裁法院"仲裁员名单"的构成;
(4) 国际常设仲裁法院的评议必须秘密进行。

54.

[答案] BCD

[解析] 根据《国际法院规约》第36条的规定,国际法院管辖案件的范围有三个方面:①自愿管辖。其指当事国在争端发生后,达成协议,自愿提交的一切案件,即C项。②协定管辖。其指争端当事国根据《联合国宪章》和对本国有拘束力的条约的规定,将特定的争端或事件提交国际法院管辖,即D项。③任择强制管辖。根据《国际法院规约》第36条第2款的规定,规约当事国可随时声明关于条约的解释、国际法的任何问题等法律争端,对于接受同样义务的任何其他国家,承认国际法院的强制管辖权,而无需另订特别协议,即B项。

综上,本题BCD当选。

【解题要领】

国际法院管辖权确立的三种方式：自愿管辖、协定管辖、任择强制管辖。

55. [答案] ABC

[解析] 海洋法法庭的建立，不排除国际法院对海洋活动争端的管辖，争端当事国可以自愿选择将海洋争端交由哪个机构来审理。因此，A错误。

海洋法法庭已经将诉讼当事方扩大到了自然人和法人，但是自然人或法人作为法庭当事人有两项限制：①用尽当地救济；②国籍国或担保国也应邀参加司法程序。因此，B错误，D正确。

岛屿主权纠纷属于领土争端纠纷，不属于海洋活动争端，海洋法法庭无权解决。因此，C错误。

综上，本题ABC当选。

【解题要领】

(1) 海洋法法庭只解决海洋权益纠纷。特别注意两国对于岛屿主权归属而产生的纠纷属于领土主权纠纷，不属于海洋权益纠纷。

(2) 海洋法法庭诉讼管辖权的主体已经扩大到缔约国有效控制的自然人、法人，但要注意自然人或法人作为法庭当事人的两项限制。

56. [答案] ABD

[解析] A违反了和平解决国际争端原则，故A错误。

调停方对调停成败不承担法律后果和责任，故B错误。

国际常设仲裁法院是专门受理国家间仲裁案件的常设仲裁机构，故C正确。

国际海洋法法庭的受案范围仅限于海洋权益争端，而岛礁归属问题不属于海洋权益争端，属于领土主权争端，故D错误。

综上，本题ABD当选。

【解题要领】

(1) 传统国际争端的解决方式；

(2) 国际常设仲裁法院；

(3) 海洋法法庭。

专题 8 战争与武装冲突法

```
                         ┌─ 战争的法律后果 ──┬─ 交战国之间由和平转为战争状态
                         │                  ├─ 外交领事关系断绝
                         │                  ├─ 经贸往来禁止
                         │                  ├─ 条约关系受影响：交战国为当事国的条约（废止、暂停、维持）
                         │                  └─ 交战国人民及财产受到影响（公产、私产、公私船舶及货物、公私航空器）
                         │
                         ├─ 对作战的限制和    ┌─ 对作战手段、方法的限制 ┬─ 基本原则：条约无约定，不解除当事国义务、"军事必要"不免责……
战争与武装冲突法 ────────┤   对受难者的保护   │                        └─ 主要内容：禁止过分杀伤力的武器、不分皂白的战争手段和方法……
                         │                   └─ 对战时平民和战争受难者的保护 ┬─ 立即释放并遣返
                         │                                                  └─ 人道主义原则：权利不得放弃（禁止战俘在任何情况下放弃）
                         │
                         └─ 国际刑事法院 ──┬─ 性质：常设于海牙，独立于联合国
                                           ├─ 管辖特点：补充性管辖 ─┬─ 管辖范围：灭绝种族罪、战争罪、危害人类罪、侵略罪 + 2002年7月后
                                           │                        └─ 只追究个人刑事责任，最高刑罚为无期
                                           └─ 管辖条件（满足其一即可）┬─ 所涉一方或多方为缔约国
                                                                      ├─ 被告人是缔约国国民
                                                                      ├─ 犯罪在缔约国境内实施
                                                                      └─ 非缔约国接受法院对在其境内实施或由其国民实施的一项具体犯罪的管辖权
```

第20讲 战争的法律后果

考点 30 ▶ 战争的法律后果

57. 甲、乙两国相邻。2012年3月，为开采边境地区的一块油气田，两国发生武装冲突。随着冲突不断升级，2015年12月，甲国正式向乙国宣战。甲、乙两国都是国际法上相关战争公约的缔约国。据此，在两国交战期间发生的下列哪些行为不符合国际法？（　　）

A. 2018年，甲国宣布没收乙国位于甲国境内的全部国家财产

B. 2015年12月，乙国宣布断绝与甲国的外交关系

C. 2021年2月，甲国发射导弹炸毁了位于乙国境内的一个大型水电站，造成乙国大面积水灾

D. 乙国允许被俘的甲国战俘与其家人通讯联络

第21讲 对作战的限制和对受难者的保护

考点 31 ▶ 对作战的限制和对受难者的保护

58. 甲、乙两国之间爆发了战争，根据海牙体系的规定，下列说法正确的是：（　　）

A. 甲国在与乙国的战争中，使用了某种新型作战方法，造成乙国大量平民伤亡，由于该作战方法未在任何条约中被规定。因此，甲国的做法符合国际法

B. 甲国根据情报，认为乙国的武装分子躲藏在一居民聚居区内，于是对该居民区实施了轰炸。甲国的这一行为符合国际法

C. 甲国在与乙国的战争中使用了某种炸弹，该炸弹中所含的放射性物质对乙国的水源造成了污染。甲国的这一行为违反了国际法

D. 乙国士兵化装成平民，对甲国军队进行了攻击。乙国的这一行为符合国际法

第22讲 国际刑事法院

考点 32 ▶ 国际刑事法院

59. 根据惩治战犯的国际法原则和国际司法实践，下列判断正确的是：（　　）

A. 国际刑事法院管辖范围限于灭绝种族罪、战争罪、危害人类罪、侵略罪

B. 纽伦堡审判和东京审判开创了追究个人战争刑事责任的实践

C. 联合国前南国际法庭、联合国卢旺达国际法庭和国际刑事法院都是常设的国际刑事司法机构

D. 无论是国际不法行为还是国际罪行，都只需相应国家承担责任

60. 下列关于国际刑事法院的说法，正确的是：（　　）

A. 国际刑事法院对灭绝种族罪、战争罪、危害人类罪、侵略罪有专属管辖权

B. 因中国尚未加入《国际刑事法院罗马规约》，所以国际刑事法院不可以管辖中国境内的任何犯罪

C. 国际刑事法院只追究个人的刑事责任，最高刑罚为死刑

D. 国际刑事法院是常设的国际刑事司法机构

答案及解析

57. [答案] AC

[解析] 国际战争法规则中，交战国对于其境内的敌国国家财产，除属于使馆的财产档案等外，可予以没收。因此，A当选。

战争开始，外交和领事关系断绝。因此，B不当选。

交战中禁止采用改变环境的作战手段和方法。因此，C当选。

D符合战争法中人道主义原则，不当选。

综上，本题AC当选。

[解题要领]

（1）两国交战后对财产的影响：公产原则上可以没收（但使馆财产除

外);私产原则上不可以没收。

(2) 两国交战后,外交关系和领事关系必然断绝。

(3) 战争中不得使用的战争手段和方法包括禁止过分杀伤力的武器、禁止不分皂白的战争手段和方法、禁止改变环境的战争手段和方法、禁止背信弃义的战争手段和方法。

(4) 对战俘的处置依据国际人道法的一般原则即可。

58. [答案] C

[解析] 海牙体系规定:①禁止过分杀伤力的武器;②禁止不分皂白的战争手段和方法;③禁止改变环境的战争手段和方法;④禁止背信弃义的战争手段和方法。因此,ABD 错误,C 正确。

综上,本题 C 当选。

[解题要领]

海牙体系规定的四种禁止使用的战争手段和方法。

59. [答案] AB

[解析] 国际刑事法院的管辖范围限于灭绝种族罪、战争罪、危害人类罪、侵略罪。因此,A 正确。

纽伦堡审判和东京审判开创了追究个人战争刑事责任的实践,确立和证实了一系列有关战争责任、战争犯罪和惩罚的国际法原则。因此,B 正确。

联合国前南国际法庭、联合国卢旺达国际法庭都是根据安理会决议成立的,是安理会的临时性附属机关,是非常设性国际刑事司法机构。因此,C 错误。

国际刑事法院只追究个人的刑事责任,且最高刑罚为无期徒刑。因此,D 错误。

综上,本题 AB 当选。

[解题要领]

(1) 国际刑事法院管辖的罪行范围;

(2) 联合国前南国际法庭、联合国卢旺达国际法庭都是临时性的司法机构,国际刑事法院是第一个常设的国际刑事司法机构;

(3) 国际刑事法院只追究个人的刑事责任;

(4) 纽伦堡审判和东京审判开创了追究个人战争刑事责任的实践。

60. [答案] D

[解析] 国际刑事法院管辖权为补充性质，不排除国内法院管辖。因此，A错误。

非缔约国接受法院对在其境内实施的或由其国民实施的一项具体犯罪的管辖时，国际刑事法院也可以管辖。因此，B错误。

国际刑事法院只追究个人的刑事责任，最高刑罚为无期徒刑。因此，C错误。

D说法正确。

综上，本题D当选。

[解题要领]

(1) 国际刑事法院管辖权的补充性。

(2) 国际刑事法院也可以管辖非缔约国罪行，只要非缔约国同意。中国尚未加入《国际刑事法院罗马规约》。

(3) 国际刑事法院最高刑罚为无期徒刑。

专题 9　国际私法的基本理论

- 国际私法的基本理论
  - 两个基本概念
    - 冲突规范
      - 性质：法律适用规范，国际私法特有，不解决权利义务、管辖权、诉讼程序问题
      - 结构：冲突规范 = 范围 + 系属（包含连结点）
      - 类型
        - 单边冲突规范：系属明示到国别
        - 双边冲突规范：未明示到国别，只有一个抽象连结点 —— 只有一个系属
        - 重叠适用的冲突规范：所涉系属都要用
        - 选择适用的冲突规范：选择其中一个系属适用（按顺序选：有条件选择适用的冲突规范；不按顺序选：无条件选择适用的冲突规范） —— 有两个或两个以上系属
    - 准据法
      - 特点
        - 必须经冲突规范指定
        - 是能够确定当事人权利义务的实体法
      - 区际法律冲突下准据法的确定：涉外民事法律关系适用外国法律，该国不同区域实施不同法律的，适用最密切联系区域的法律
  - 五个基本制度
    - 识别
      - 对涉外民事关系中有关事实或问题的归类或定性
      - 涉外民事关系的定性，适用法院地法律
      - 案件涉及两个或两个以上的涉外民事关系时，法院应当分别确定应当适用的法律（识别分割制）
    - 反致与转致（我国不承认）：直接反致　间接反致　转致　包含直接反致的转致
    - 外国法的查明
      - 查明机构　查明途径（查明不能，适用中国法律）
      - 若外国法应由当事人查明，当事人在法院指定合理期限无正当理由未提供，可认定不能查明
      - 其他规定：法院应听取各方当事人对应适用外国法律内容之理解与适用意见，均无异议，可予确认；有异议的，由法院审查
    - 公共秩序保留
      - 概念：违反法院地国的公共秩序
      - 中国法律规定：外国法损害我国社会公共利益，则适用我国法律
    - 法律规避
      - 行为方式：故意改变连结点
      - 中国法律规定：可直接适用《涉外民事关系法律适用法》的强制性规定：劳食反外环

第23讲 国际私法的基本概念

考点 33 ▶ 冲突规范与准据法

61. 下列关于冲突规范的说法,正确的是:(   )

　　A. 冲突规范的"连结点"是指冲突规范借以确定某一法律关系应当适用什么法律的依据

　　B. 在"侵权行为适用侵权行为地法"这一冲突规范中,"连结点"是"侵权行为"

　　C. 在"合同缔结方式依合同缔结地法"这一冲突规范中,"范围"是"合同缔结地法"

　　D. 在"合同缔结方式依合同缔结地法"这一冲突规范中,"系属"是"合同缔结方式"

62. 下列选项中哪个法律规定属于冲突规范?(   )

　　A. 中华人民共和国法律对涉外民事关系有强制性规定的,直接适用该强制性规定

　　B. 中华人民共和国民法调整平等主体的公民之间、法人之间、公民和法人之间的财产关系和人身关系

　　C. 当事人的住所不明或者不能确定的,以其经常居住地为住所。当事人有几个住所的,以与产生纠纷的民事关系有最密切联系的住所为住所

　　D. 中国已婚的公民,夫妻双方在国外但未定居,一方向人民法院提起离婚的,应由原告或被告原住所地人民法院管辖

63. 下列有关准据法特点的说法,正确的是:(   )

　　A. 准据法属于冲突规范的范畴

　　B. 准据法的本质特征是必须经冲突规范指引

　　C. 准据法是具体确定当事人权利义务的实体法

　　D. 在反致情况下,内国冲突规范所援引的外国冲突规范也是准据法

第24讲 国际私法的基本制度

考点 34 ▶ 识 别

64. 甲国认为蜂房属于不动产，中国认为蜂房属于动产，一件涉及在甲国的蜂房的涉外继承案在某中国法院审理。依中国《涉外民事关系法律适用法》的规定，下列哪项是正确的？（　　）

A. 法院应将蜂房定性为不动产，因为蜂房在甲国，甲国认为蜂房是不动产
B. 应由当事人协商确定蜂房是不动产，还是动产
C. 应由中国法律对蜂房进行定性
D. 应依被继承人死亡时的住所地法对蜂房进行定性

65. 关于识别和先决问题，根据《涉外民事关系法律适用法》及其相关司法解释，下列表述不正确的是：（　　）

A. 涉外民事关系的定性，适用涉外民事关系发生地法律
B. 案件涉及两个或者两个以上的涉外民事关系时，人民法院应当分别确定应当适用的法律
C. 涉外民事争议的解决须以另一涉外民事关系的确认为前提时，人民法院应当根据该先决问题自身的性质确定其应当适用的法律
D. 涉外民事争议的解决须以另一涉外民事关系的确认为前提时，该先决问题应当适用主要问题所适用的法律

考点 35 ▶ 反致与转致

66. 一位住所在甲国的乙国公民汤姆斯，在丙国去世并在丙国留有遗产。根据法院地丙国的国际私法的规定，继承适用被继承人死亡时的属人法，即乙国法；而乙国国际私法规定，继承应由被继承人死亡时的住所地法支配，即甲国法，甲国的冲突法又指向了丙国法，最后丙国法院适用了丙国实体法处理了该案。根据国际私法的理论，丙国法院的做法属于：（　　）

A. 直接反致

B. 间接反致
C. 转致
D. 包含了直接反致的转致

考点 36 ▶ 外国法的查明

67. 对于外国法的查明，根据我国法律和相关司法解释，以下说法正确的是：（　　）

A. 实践中，在不能查明外国法时，一般驳回当事人的起诉
B. 对于应当适用的外国法，除由当事人提供外，还有其他多种途径
C. 我国法院在需要适用外国法时，由法官依职权查明，当事人没有举证的责任
D. 若外国法应由当事人查明，当事人在人民法院指定的合理期限内无正当理由未提供该外国法律的，可以认定为不能查明该外国法律

考点 37 ▶ 公共秩序保留

68. 中国公民陶某某在缅甸旅游期间，至缅甸一家赌场赌博，所带现金输完后向赌场借款10万美元作为赌资。1小时后，陶某某将10万美元也输光，而且未偿还。缅甸赌场遂向中国法院提起诉讼，要求法院判令陶某某偿还借款。中国法律规定经营赌场是犯罪行为，但是缅甸法律允许开设赌场。中国法院受理本案后，应适用哪国法律审理？（　　）

A. 缅甸法律
B. 中国法律
C. 缅甸法律或中国法律
D. 缅甸法律和中国法律

考点 38 ▶ 法律规避

69. 关于法律规避，下列哪些说法是正确的？（　　）

A. 当事人有规避法律的故意
B. 当事人是通过变更静态连结点而实现规避法律的
C. 当事人规避的是本应当适用的法律
D. 当事人规避我国强行法的行为无效

70. 根据《最高人民法院关于适用〈中华人民共和国涉外民事关系法律适用法〉若干问题的解释（一）》（以下简称《涉外民事关系法律适用法解释（一）》）的有关规定，下列哪些强制性规定可以直接适用？（ ）

A. 涉及劳动者权益保护的

B. 涉及食品或公共卫生安全的

C. 涉及环境安全的

D. 涉及婚姻法中的强制性规定

答案及解析

61. [答案] A

[解析] 冲突规范是结构独特的法律规范，一般由三部分构成：一部分称为"范围"，是指冲突规范所调整的民商事关系或所要解决的法律问题；另一部分称为"系属"，它规定冲突规范中"范围"应适用的法律；还有一部分叫"关联词"，它从语法上把"范围"和"系属"联系起来。CD中，范围是"合同缔结方式"，系属是"合同缔结地法"。因此，CD均错误。

在冲突规范的系属中，还有一个很重要的组成部分称为"连结点"，是指冲突规范借以确定某一法律关系应适用什么法律的根据。连结点是冲突规范中据以连结涉外民商事法律关系与其应适用的某国法律的基础，起到桥梁和媒介的作用。因此，A正确。B的连结点应为"侵权行为地"。因此，B错误。

综上，本题A当选。

[解题要领]

任何一条冲突规范都是由"范围""系属""连结点"三部分构成。

62. [答案] A

[解析] 冲突规范是指明某种国际民商事法律关系应适用何国实体法来调整的法律规范，它是一种法律适用规范。冲突规范并不像实体规范那样直接规定当事人的权利义务关系，而仅指明适用哪一个国家的法律以及何种法律。BCD都是实体法规范。

综上，本题 A 当选。

解题要领

冲突规范也就是法律适用规范。

63. [答案] BC

[解析] 准据法是经过冲突规范指引用来确定当事人权利义务的实体法。因此，AD 错误，BC 正确。

综上，本题 BC 当选。

解题要领

准据法是国际私法特有的规范，它是一种特殊的实体法，必须经过冲突规范的指引。

64. [答案] C

[解析]《涉外民事关系法律适用法》第 8 条规定："涉外民事关系的定性，适用法院地法律。"因此，C 正确，ABD 错误。

综上，本题 C 当选。

解题要领

识别也叫定性。根据中国《涉外民事关系法律适用法》的规定，识别适用法院地法律。

65. [答案] AD

[解析] 涉外民事关系的定性，适用法院地法。因此，A 错误。

根据《涉外民事关系法律适用法解释（一）》第 11 条的规定，案件涉及 2 个或者 2 个以上的涉外民事关系时，人民法院应当分别确定应当适用的法律。因此，B 正确。

根据《涉外民事关系法律适用法解释（一）》第 10 条的规定，涉外民事争议的解决须以另一涉外民事关系的确认为前提时，人民法院应当根据该先决问题自身的性质确定其应当适用的法律。因此，C 正确，D 错误。

综上，本题 AD 当选。

解题要领

(1) 根据我国法律的规定，识别适用法院地法律；

(2) 识别分割制与先决制度的具体规定。(见上述解析)

66. 答案 B

解析 根据图示：丙国 ⟶ 乙国 ⟶ 甲国（含反向箭头），B 当选。

综上，本题 B 当选。

解题要领

转致与反致。

67. 答案 BD

解析 不能查明外国法时，适用中国法律。因此，A 错误。

外国法提供的途径包括：①由当事人提供；②由与我国订立司法协助协定的缔约对方的中央机关提供；③由我国驻该国使领馆提供；④由该国驻我国使馆提供；⑤由中外法律专家提供。因此，B 正确。

当事人选择外国法的，当事人应当提供外国法，所以当事人在这种情况下有举证的责任。因此，C 错误。

根据《涉外民事关系法律适用法解释（一）》第 15 条第 2 款的规定，当事人应当提供外国法律，其在人民法院指定的合理期限内无正当理由未提供该外国法律的，可以认定为不能查明外国法律。因此，D 正确。

综上，本题 BD 当选。

解题要领

(1) 外国法有多种查明途径；
(2) 当事人选择外国法的，当事人有举证的责任；
(3) 外国法查明不能时，适用中国法律。

68. 答案 B

解析 根据公共秩序保留制度，适用缅甸法律与法院地中国的公共秩序相违背。

综上，本题 B 当选。

解题要领

公共秩序保留。

69. 答案 ACD

解析 法律规避的构成要件包括：①主观：出于故意；②规避对象：当事人

本应适用的法律；③行为方式：通过改变动态连结点来实现；④客观结果：规避行为已经完成。另外，当事人规避我国强行法的行为无效。

综上，本题 ACD 当选。

解题要领

法律规避是通过改变动态连结点的方式而完成的。根据我国法律的规定，当事人规避我国强制性法律规定的行为无效。

70. **[答案]** ABC

[解析] 根据《涉外民事关系法律适用法解释（一）》第 8 条的规定，ABC 的强制性规定都可以直接适用。除此之外，涉及外汇管制等金融安全的，涉及反垄断、反倾销的也可以直接适用。涉外民事法律关系中涉及中国其他强制性规定的，法院只有在证明当事人具有法律规避事实的情况下，才能以该强制性规定取代本应适用的外国法律。

综上，本题 ABC 当选。

解题要领

强制适用的法的范围。

专题 10　涉外民商事关系法律适用

- 涉外民商事关系法律适用（一）
  - 一般原则
    - 法定为主，最密切联系为辅
    - 意思自治原则
  - 经常居所地
    - 经常居所地的司法解释：自然人在涉外民事关系产生、变更、终止时已连续居住1年以上且作为生活中心的地方，可认定为经常居所地，但就医、劳务派遣、公务等情形除外
    - 特殊情况下考虑经常居所地法律
      - 有两个以上国籍——有经常居所地的国籍国法律
      - 所有国籍国均无经常居所地——与其有最密切联系的国籍国法律
      - 自然人无国籍或国籍不明——其经常居所地法律
    - 自然人经常居所地不明处理：经常居所地不明，适用现在居所地法律
  - 权利能力和行为能力
    - 自然人
      - 权利能力：适用经常居所地法律
      - 行为能力
        - 适用经常居所地法律
        - 依照经常居所地法律为无民事行为能力，依照行为地法律为有民事行为能力的，适用行为地法律，但涉及婚姻、家庭、继承的除外
      - 宣告失踪或死亡：适用自然人经常居所地法律
      - 人格权内容：适用权利人经常居所地法律
    - 法人
      - 法人及其分支机构的权利能力、行为能力等，适用登记地即注册地法律
      - 法人主营业地与登记地不一致的，可以适用主营业地法律；法人经常居所地为其主营业地
  - 代理、信托、时效和仲裁协议
    - 代理
      - 意思自治优先
      - 无协议的
        - 代理适用代理行为地法律
        - 被代理人与代理人的民事关系适用代理关系发生地法律
    - 信托
      - 意思自治优先
      - 无协议的，适用信托财产所在地法律或信托关系发生地法律
    - 诉讼时效：依冲突规范确定的民事法律关系准据法确定
    - 仲裁协议
      - 意思自治优先
      - 无协议的，适用仲裁机构所在地或仲裁地法律

涉外民商事关系法律适用（二）

物权

- **不动产物权**：适用不动产所在地法律
- **动产物权**
  - 一般动产物权：意思自治优先；无协议时适用法律事实发生时动产所在地法律
  - 运输中的动产：意思自治优先；无协议的，适用运输目的地法律
- **船舶物权**
  - 船舶所有权：适用船旗国法律
  - 船舶抵押权：适用船旗国法律（船舶在光船租赁以前或光船租赁期间，设立船舶抵押权的，适用原船舶登记地法律）
  - 船舶优先权：适用受理案件的法院所在地法律
- **民用航空器物权**
  - 航空器所有权、抵押权：适用航空器国籍登记国法律
  - 航空器优先权：适用受理案件的法院所在地法律
- **权利质权、有价证券**
  - 权利质权：质权设立地法律
  - 有价证券：有价证券权利实现地法律或其他与该有价证券有最密切联系的法律

债权

涉外合同

- **意思自治原则**：意思自治优先；例外——中国境内履行的合同不允许意思自治，应适用中国法律（中外合资经营、合作经营、合作勘探开发自然资源）
- **最密切联系原则**：当事人没有选择，适用履行义务最能体现该合同特征一方当事人经常居所地法律或其他与该合同有最密切联系的法律
- **两类特殊合同的法律适用**
  - 涉外消费者合同
    - 消费者经常居所地法律
    - 消费者选择适用商品、服务提供地法律或经营者在消费者经常居所地没有从事相关经营活动的，适用商品、服务提供地法律
  - 涉外劳动合同
    - 劳动合同适用劳动者工作地法律；难以确定劳动者工作地的，适用用人单位主营业地法律
    - 劳务派遣可以适用劳务派出地法律

涉外侵权

- **一般侵权行为**：协议优先　共同经常居所地　侵权行为地
- **船舶碰撞侵权行为**
  - 同一国籍的船舶，不论碰撞发生在何地，碰撞船舶之间的损害赔偿——适用船旗国法律
  - 不同国籍的船舶——公海上发生碰撞的损害赔偿——适用受理案件的法院所在地法律；不同国籍的船舶——其他地方发生碰撞的损害赔偿——适用侵权行为地法律
  - 海事赔偿责任限制，适用受理案件的法院所在地法律
- **民用航空器侵权**：对地面第三人——适用侵权行为地法律　在公海上空对水面第三人——适用受理案件的法院所在地法律
- **侵犯人格权**：通过网络或其他方式，适用被侵权人经常居所地法律
- **知识产权侵权**：协议优先，但只能协议选择法院地法律　无协议的，知识产权的侵权责任，适用被请求保护地法律
- **产品责任侵权**
  - 被侵权人经常居所地法律
  - 被侵权人选择适用侵权人主营业地法律、损害发生地法律的，或侵权人在被侵权人经常居所地没有从事相关经营活动的，适用侵权人主营业地法律或损害发生地法律
- **不当得利、无因管理之债**：协议优先　共同经常居所地　不当得利、无因管理发生地

涉外民商事关系法律适用（三）

知识产权
- 转让与许可使用：协议优先；无协议的，适用最密切联系地法律
- 归属和内容：适用被请求保护地法律
- 侵权责任：协议优先——只能协议选择法院地法律；无协议——知识产权的侵权责任，适用被请求保护地法律

商事关系

涉外票据
- 票据债务人行为能力：适用本国法为一般原则；特殊情况下适用行为地法
- 票据行为：适用行为地法。例外：支票出票时的记载事项，适用出票地法律，经当事人协议，也可适用付款地法律
- 票据追索权行使期限：适用出票地法律
- 持票人责任：适用付款地法律
- 票据丧失时权利保全程序：适用付款地法律

海事关系
- 海上货物运输合同：协议优先；无协议——适用最密切联系地法律
- 船舶物权：一般适用船旗国法律
  - 两个例外：
    - 船舶在光船租赁以前或者光船租赁期间，设立船舶抵押权的，适用原船舶登记国法律
    - 船舶优先权，适用受理案件的法院所在地法律
- 船舶碰撞侵权：
  - 同一国籍的船舶，不论碰撞发生在何地，碰撞船舶之间的损害赔偿适用船旗国法律
  - ①不同国籍的船舶——公海上发生碰撞的损害赔偿——适用受理案件的法院所在地法律
  - ②不同国籍的船舶——其他地方发生碰撞的损害赔偿——适用侵权行为地法律
- 海事赔偿责任限制：适用受理案件的法院所在地法律
- 共同海损理算：适用理算地法律

民航关系
- 物权：一般适用航空器登记国法律。例外：民用航空器优先权适用受理案件的法院所在地法律
- 侵权：公海上空对水面第三人损害赔偿——适用受理案件法院所在地法律；其他地方侵权——适用侵权行为地法律
- 运输合同：协议优先；无协议，适用最密切联系原则

专题10 涉外民商事关系法律适用

涉外民商事关系法律适用（四）

婚姻

涉外结婚
- 结婚条件（顺序适用）
  - 当事人共同经常居所地法律
  - 共同国籍国法律
  - 婚姻缔结地法律（条件：在一方当事人经常居所地或国籍国缔结婚姻的）
- 结婚手续：符合婚姻缔结地法律、一方当事人经常居所地法律或一方国籍国法律的，均为有效（三选一）

夫妻人身、财产关系
- 人身关系（顺序适用）
  - 共同经常居所地法律
  - 共同国籍国法律
- 财产关系（顺序适用）
  - 协议优先（只能在一方当事人经常居所地法律、国籍国法律、主要财产所在地法律中选择）
  - 无协议，适用共同经常居所地法律
  - 没有共同经常居所地，适用共同国籍国法律
- 父母子女人身、财产关系
  - 共同经常居所地法律
  - 无共同经常居所地，适用一方当事人经常居所地或国籍国法律中有利于保护弱者权益的法律

涉外离婚
- 协议离婚（顺序适用）
  - 协议优先（当事人只能在一方当事人经常居所地法律、国籍国法律中选择）
  - 无协议，适用共同经常居所地法律；没有共同经常居所地的，适用共同国籍国法律；没有共同国籍的，适用办理离婚手续机构所在地法律
- 诉讼离婚：适用法院地法律

家庭

收养
- 收养条件和手续——收养人和被收养人经常居所地法律
- 收养效力——适用收养时收养人经常居所地法律
- 收养关系解除——适用收养时被收养人经常居所地法律或法院地法律

监护：一方当事人经常居所地法律或国籍国法律中有利于保护被监护人权益的法律

扶养：一方当事人经常居所地法律、国籍国法律或主要财产所在地法律中有利于保护被扶养人权益的法律

跨国收养方面保护儿童及合作公约：适用范围、机构、程序要件、收养的承认、一般规定

继承

法定继承
- 动产——被继承人死亡时经常居所地法律
- 不动产——不动产所在地法律

遗嘱继承
- 遗嘱方式——符合遗嘱人立遗嘱时或死亡时经常居所地法律、国籍国法律或遗嘱行为地法律的，遗嘱均成立
- 遗嘱效力——适用遗嘱人立遗嘱时或死亡时经常居所地法律或国籍国法律

遗产管理：遗产所在地法律

无人继承财产归属：适用被继承人死亡时遗产所在地法律

第25讲 一般原则与经常居所地

考点 39 ▶ 法律适用的一般原则

71. 根据我国相关法律的规定，下列哪些法律关系中可以适用意思自治原则来确定应适用的准据法？（ ）
- A. 合同
- B. 侵权
- C. 不当得利
- D. 动产物权

72. 根据《涉外民事关系法律适用法解释（一）》的规定，下列在我国法院提起的诉讼中，构成涉外民事法律关系的有哪些？（ ）
- A. 中国公民向飞向美国公民约翰逊转让其位于上海浦东的一处房产而产生的房屋买卖合同关系
- B. 经常居所地在美国的中国公民尹峰与李晓娴因买卖一幅世界名画而产生的合同关系
- C. 中国公民赵茗茗转让其位于海南三亚的度假别墅给中国公民何泽磊
- D. 发生在澳大利亚达令港的两个中国籍船旗国船的碰撞事故而产生的侵权行为关系

考点 40 ▶ 经常居所地的认定

73. 阿根廷人李立奥与中国女子乔某结婚，李立奥在美国、加拿大、阿根廷均有住所，在与乔某发生纠纷时，李立奥住在北京某饭店。中国法院在受理涉及两人的婚姻纠纷时需要适用李立奥的经常居所地法律，但法院无从查明其经常居所地。中国法院应适用何国法律审理？（ ）
- A. 美国法律
- B. 加拿大法律
- C. 阿根廷法律
- D. 中国法律

74. 中国某法院受理一起从巴西进口果冻鞋的合同纠纷案。案件审理中涉及外方当事人巴比亚的住所确定问题。经查，巴比亚在巴西、智利、阿根廷各有一处住所，其家人主要在智利居住，巴比亚的公司在阿根廷注册，但公司的主要营业场所和果冻鞋的销售业务主要集中在巴西。此外，由于业务关系，巴比亚还经常来中国出差，出差期间总是固定住在上海虹桥宾馆。中国法院应当认定巴比亚在哪个国家的住所为其住所？（　　）

A. 巴西的住所　　　　　　B. 智利的住所
C. 阿根廷的住所　　　　　D. 中国上海虹桥宾馆

第26讲　权利能力和行为能力的法律适用

考点 41 ▶ 权利能力和行为能力的法律适用

75. 强峰公司在甲国登记设立，但其主营业地在乙国。根据我国相关法律的规定，下列选项正确的是：（　　）

A. 强峰公司的组织机构应当适用乙国法
B. 强峰公司的民事行为能力应当适用乙国法
C. 强峰公司的民事权利能力可以适用乙国法
D. 强峰公司在章程中规定的住所地为其主营业地

76. 李某为中国公民，2021年随父到日本定居，2023年回上海度假，因度假期间临时租住浦东世纪公园附近的房屋与出租人发生纠纷。关于李某民事行为能力的法律适用，下列说法正确的有：（　　）

A. 可以适用日本法律
B. 必须适用中国法律
C. 如果依据日本法律李某为无民事行为能力，而依据我国法律为有民事行为能力的，适用我国法律
D. 适用李某与出租人约定的法律

第27讲　涉外代理、信托、时效和仲裁协议的法律适用

考点 42 ▶ 涉外代理、信托、时效和仲裁协议的法律适用

77. 2020年1月，中国著名作家张某与香港人林某在深圳签订委托代理协议，

委托林某联系美国一著名电影制片公司，授权该公司将张某小说《飞翔》改编并摄制电影，委托代理协议对法律适用没有约定。2021年5月，林某在美国纽约以张某的名义与该美国电影制片公司签订著作权许可协议，该协议不仅允许美国电影制片公司将《飞翔》改编摄制成电影，还允许其将小说《飞翔》翻译成数十种文字并在全球范围内发行。现本案各方当事人就委托代理事项发生纠纷诉至我国法院。关于本案法律适用，根据我国《涉外民事关系法律适用法》及相关司法解释的规定，下列哪些选项是正确的？（　　）

A. 对于张某和林某之间关于代理权范围的争议，法院应适用香港地区的法律，因为代理人林某为香港人

B. 对于张某与林某之间关于代理权范围的争议，法院应适用中国法律，因为双方之间的代理关系发生在中国

C. 对于美国电影制片公司与张某之间就本案代理事项效力产生的争议，法院应适用中国法律，因为被代理人为中国人

D. 对于美国电影制片公司与张某之间就本案代理事项效力产生的争议，法院应适用美国法律，因为美国为代理行为发生地

78. 甲国人汤姆来上海后，委托中国人王某代理其办理在中国的广告业务，双方没有就委托选择适用的法律，业务收入归入汤姆在乙国的一信托基金，该信托当事人约定适用乙国法律。汤姆认为，王某在办理某项广告中侵犯了其人格权。两人之间的争议在中国某法院审理。依中国的相关法律规定，下列哪些选项是正确的？（　　）

A. 汤姆人格权的内容适用其经常居所地法律
B. 汤姆与王某之间的民事关系适用甲国法律
C. 涉及汤姆信托基金的争议应适用乙国法律
D. 汤姆与王某之间的民事关系适用中国法律

第28讲 涉外物权的法律适用

考点 43 ▶ 涉外物权的法律适用

79. 关于物权关系法律适用的说法，下列哪些选项是正确的？（　　）

A. 当事人可以协议选择动产物权适用的法律

B. 当事人没有选择的，动产物权适用动产所在地法律

C. 运输中的动产物权适用运输目的地法律

D. 有价证券适用有价证券权利实现地法律或者其他与该有价证券有最密切联系的法律

80. 中国公民路树鹏，携带一块宝石前往英国，到达英国后，路树鹏将宝石卖给一美国男子约翰逊。交货之前，路树鹏发现宝石在英国当地售价相当高，于是又将宝石以高价卖给一英国珠宝商，之后回国。约翰逊得知此事后，立即联系路树鹏向其索要宝石。争执无果的情况下，约翰逊向路树鹏的经常居所地南京市中级人民法院起诉，要求路树鹏返还宝石的所有权。关于本案的法律适用，下列说法正确的是：（　　）

A. 路树鹏和约翰逊可以协议选择适用英国法

B. 路树鹏和约翰逊只能协议选择适用中国法或美国法

C. 如果双方未协议选择适用的法律，则只能适用中国法

D. 如果双方未协议选择适用的法律，则只能适用英国法

第29讲　涉外债权的法律适用

考点44 ▶ 涉外合同的法律适用

81. 某中俄合资经营企业投资开发俄罗斯的一座矿山，该企业大股东均为中国公民。关于该合资经营企业合同的法律适用和管辖，根据我国相关法律的规定，下列说法正确的有：（　　）

A. 双方可以采用明示方式自由约定该合同所适用的法律

B. 该合同只能适用中国法律

C. 如出现争议，双方在一审法庭辩论终结前还可就法律适用进行选择

D. 双方当事人可以选择外国仲裁机构仲裁

82. 下列关于涉外合同法律适用的说法，错误的是：（　　）

A. 中华人民共和国法律没有明确禁止当事人选择涉外民事关系适用的法律的，当事人的选择均为有效

B. 涉外合同当事人均援引同一国家或者地区的法律且未提出法律适用异议的，视为作出选择

C. 消费者合同，适用消费者经常居所地法律；当事人选择适用商品、服务提供地法律或者经营者在消费者经常居所地没有从事相关经营活动的，适用商品、服务提供地法律

D. 涉外劳动合同，适用劳动者工作地法律；难以确定劳动者工作地的，适用用人单位主营业地法律。劳务派遣，可以适用当事人选择的法律

83. 乔某受雇于中国某外企，该外企的主营业地在北京。后因该外企将乔某派遣至甲国工作，双方产生纠纷，诉至中国某法院。有关争议的法律适用，下列表述正确的有：（　　）

A. 乔某与该外企的劳动合同应适用乔某工作地法律

B. 如乔某的工作地难以确定，应适用中国法律

C. 乔某被派遣至甲国工作，可以适用工作地法律，即甲国法律

D. 乔某被派遣至甲国工作，只能适用中国法律

考点 45 ▶ 涉外侵权的法律适用

84. 中国人王某在韩国旅游期间购买的产品对其家人造成了伤害，该产品生产公司的主营业地在首尔，有关争议诉诸中国法院。根据《涉外民事关系法律适用法》的规定，下列哪一选项是正确的？（　　）

A. 产品责任任何时候都应适用中国法律，因中国是被侵权人的经常居住地

B. 产品责任任何时候都应适用韩国法律，因韩国是侵权人的经常居住地

C. 如果王某选择适用韩国法律，适用韩国法律

D. 如果该韩国侵权人在中国没有从事相关经营活动，则只能适用韩国法律

第30讲 涉外知识产权的法律适用

考点 46 ▶ 涉外知识产权的法律适用

85. 中国公民齐某发明了一项专利，并在中国申请获得了专利权。1年后，齐某发现该专利被美国人麦克利用并生产出产品销售。齐某认为麦克侵犯了自

己的专利权，向中国法院起诉，有关争议在中国法院审理。下列哪些选项是正确的？（   ）

A. 该专利权的归属应适用中国法律

B. 该专利权的归属应适用美国法律

C. 该专利权的侵权责任适用中国法律

D. 该专利权的侵权责任双方可以协议选择适用美国法律

86. 法国籍留学生雪莉尔和意大利籍留学生夏洛特系2019级北京大学国际法学院的留学生，双方在北京大学附近合租一套房屋居住。雪莉尔于2021年5月通过硕士学位论文答辩取得硕士学位。夏洛特认为雪莉尔的硕士学位论文大量剽窃了自己多篇已发表和未发表的论文，遂于2021年7月以雪莉尔侵犯其著作权为由向中国法院提起诉讼，要求雪莉尔公开赔礼道歉并赔偿其损失。请问中国法院受理该案后，应适用何国法律解决该涉外知识产权侵权纠纷？（   ）

A. 法国法，因为法国是侵权人雪莉尔的国籍国

B. 意大利法，因为意大利是权利人夏洛特的国籍国

C. 只能适用中国法

D. 双方可以协议选择适用中国法或意大利法

第31讲 涉外商事关系的法律适用

考点 47 ▶ 涉外票据的法律适用

87. 丽莎是甲国人，同时具有乙国国籍，其原始住所在甲国，经常居所在乙国，后因在丙国的票据行为所引起的票据纠纷在我国涉诉。为了确定丽莎票据行为的效力，我国法院首先要确定她是否具有民事行为能力。在丽莎同时具有甲国国籍和乙国国籍的情况下，我国法院应如何确定其本国法？（   ）

A. 以丽莎有住所的甲国的法律为其本国法

B. 以票据行为地丙国的法律为其本国法

C. 以丽莎有经常居所的乙国的法律为其本国法

D. 以与丽莎有最密切联系的国家的法律为其本国法

88. 下列关于票据法律适用的说法，正确的是：（　　）

　　A. 票据追索权的行使期限，适用付款地法律

　　B. 某国人甲（19岁），在我国出具了一张汇票，后来因此发生纠纷诉至我国法院，根据该国法律，甲为限制民事行为能力人，那么甲出具的汇票将无效

　　C. 根据我国法律，支票出票时的记载事项适用出票地法律，经当事人协议，也可以适用付款地法律

　　D. 票据的提示期间、有关拒绝证明的方式、出具拒绝证明的期间及票据丧失时失票人请求保全票据权利的程序，都适用出票地法律

考点 48 ▶ 海事关系的法律适用

89. "麦隆号"是在巴拿马登记并悬挂巴拿马国旗的货轮，该货轮所有人是英国的A公司，光船承租人是中国的B公司，雇佣的船长是新加坡公民甲。2021年7月，该货轮在公海遭遇海难，经韩国C公司救助得以脱险，现船主与货物所有人就救助费用分摊发生争议，货主均为中国公民。此外，B公司拒绝支付甲的工资。2021年10月，英国A公司与公民甲均向大连海事法院起诉，分别要求对救助费用的分摊进行理算以及支付工资。大连海事法院针对该两项请求，应适用何种法律？（　　）

　　A. 救助费用的理算适用巴拿马法律，工资支付适用中国法律

　　B. 救助费用的理算和工资支付均适用巴拿马法律

　　C. 救助费用的理算和工资支付均适用中国法律

　　D. 救助费用的理算适用中国法律，工资支付适用巴拿马法律

90. 国籍为加拿大的船舶"爱登号"系永家公司从美国开开公司处购得，依据加拿大法永家公司不能取得"爱登号"的所有权，而依据法国法永家公司已经取得"爱登号"的所有权。"爱登号"出海后在我国领海与法国信特公司所有的国籍为加拿大的"天龙号"船舶发生碰撞，永家公司就碰撞船舶之间的损害赔偿问题向中国法院起诉。对此，下列说法正确的是：（　　）

　　A. 应适用法院地法，即中国法

　　B. 应适用侵权行为地法，即中国法

　　C. 应适用碰撞船舶的共同国籍国法，即加拿大法

　　D. 因法国法与本案有更密切的联系，故应适用法国法

考点 49 ▶ 民航关系的法律适用

91. 一架英国维多利亚航空公司的客机,在我国附近的公海上发生货舱门滑落致使行李坠落,落下的行李砸到土耳其一艘渔船,致渔船发生一定程度的损失,船东向我国法院起诉维多利亚航空公司,要求航空公司赔偿损失。本案应适用哪国法律解决纠纷?( )

A. 英国法
B. 土耳其法
C. 中国法
D. 重叠适用中国法和土耳其法

第32讲 涉外婚姻、家庭和继承的法律适用

考点 50 ▶ 涉外婚姻的法律适用

92. 美国公民汤姆斯于2020年1月在中国工作期间与中国公民陶某相识。2021年3月,陶某应汤姆斯邀请访美,并在美国办理了结婚登记。2021年8月,陶某以双方婚前了解不够、无法建立感情为由,向中国法院提起离婚诉讼。中国法院审理案件时,应适用的准据法是:( )

A. 中国法
B. 美国法
C. 同时适用美国法和中国法
D. 法院可以选择适用美国法和中国法

93. 美国人约翰与日本人静子于2020年在法国相识相爱并登记结婚,婚后两人一直居住在中国上海。2022年,两人因感情不和而协议离婚。双方因夫妻财产纠纷诉诸上海某法院,法院审理该案时首先要确定其协议离婚是否有效。根据《涉外民事关系法律适用法》的相关规定,下列说法正确的有:( )

A. 对于协议离婚,如双方协议选择适用法国法律,则依其选择
B. 对于协议离婚,如双方协议选择适用日本法律,则依其选择

C. 对于夫妻财产关系，如双方协议选择适用日本法律，则依其选择

D. 对于夫妻财产关系，如双方没有协议选择适用的法律，则适用中国法

94. 甲国人柯某与刚从乙国来的乙国人施某在北京某机构从事外语教学工作，施某随柯某回甲国后两人以符合乙国法律的手续结了婚，之后又回北京工作，数年后两人因聚少离多而协议离婚，后因财产分割诉诸中国某法院。依中国相关法律的规定，下列哪些选项是正确的？（   ）

A. 柯某与施某结婚的条件适用甲国法

B. 两人应依双方国籍国法规定的手续结婚

C. 两人结婚的条件应适用双方协议选择的法律

D. 两人结婚的手续只要符合乙国法律即应当是有效的

考点 51 ▶ 家庭（收养、监护、扶养）的法律适用

95. 依据《涉外民事关系法律适用法》的规定，下列哪些关系的法律适用体现保护弱者利益原则？（   ）

A. 父母子女关系

B. 监护关系

C. 扶养关系

D. 收养关系

96. 甲（10岁，泰国人）的父亲是中国人，母亲是菲律宾人，其在母亲去世后一直随父亲居住在中国北京，其外祖母是新加坡国籍，居住在新加坡。2020年，甲父因意外事故不幸身亡，致使甲无人照料。其外祖母得知后，便向中国法院起诉，希望获得甲的监护权。根据中国相关法律及司法解释的规定，下列哪一选项是正确的？（   ）

A. 该案监护权的设立必须适用泰国法

B. 该案监护权的设立必须适用中国法

C. 该案监护权的设立应在菲律宾法、新加坡法和泰国法中选择有利于保护被监护人权益的法律

D. 该案监护权的设立应适用泰国法、新加坡法、中国法中有利于保护被监护人权益的法律

考点 52 ▶ 涉外继承的法律适用

97. 侨居甲国的中国公民乔某在乙国旅行时遇车祸身亡。其生前在丙国银行寄存有价值 10 万美元的股票、珠宝一批，在中国遗留有价值 200 万人民币的房产一处。乔某在中国的父母要求继承这批股票和珠宝。我国与甲、乙、丙三国均无有关遗产继承的特别协议。依中国相关法律的规定，前述股票和珠宝的继承应适用哪一国的法律？（　　）

A. 中国法　　　　　　　B. 甲国法
C. 乙国法　　　　　　　D. 丙国法

98. 韩国公民泽秋长期居住于中国，于 2020 年在上海病逝。泽秋生前在美国夏威夷有一套别墅，2018 年在上海订立遗嘱，将该别墅交由其中国养子李某继承。去世后，其女儿对李某的继承权提出异议，遂向上海某法院提起诉讼，要求继承泽秋在美国的别墅。根据《涉外民事关系法律适用法》的相关规定，下列说法正确的是：（　　）

A. 对泽秋遗嘱效力的确认，法院可以适用中国法
B. 对泽秋遗嘱效力的确认，法院可以适用美国法
C. 对泽秋遗嘱效力的确认，法院可以适用韩国法
D. 对于别墅的继承，应适用不动产所在地法即美国法

99. 格蕾丝是英籍华人，长期居住于英国伦敦。2016 年，格蕾丝在美国休斯敦某医院治病期间订立了一项遗嘱。格蕾丝 2019 年回中国定居，2023 年病逝于其在中国北京的居所。格蕾丝的子女就该项遗嘱产生的争议诉诸中国某法院。下列说法不正确的是：（　　）

A. 如果格蕾丝立遗嘱的方式不符合中国法律的规定，即可认定该遗嘱不成立
B. 只要格蕾丝立遗嘱的方式符合中国法、美国法或英国法中的一个，即可认定该遗嘱成立
C. 只要格蕾丝的遗嘱符合中国法、美国法或英国法中的一个，该遗嘱即为有效
D. 该遗嘱必须同时符合中国法和英国法的规定才有效

答案及解析

71. [答案] ABCD

[解析] 根据《涉外民事关系法律适用法解释（一）》第4条的规定，我国法律有规定可以意思自治的，当事人才可以选择适用法律。根据《涉外民事关系法律适用法》第37、41、44、47条的有关规定，ABCD符合题意。

综上，本题ABCD当选。

[解题要领]

意思自治原则需要法律明确赋予才可以适用。

72. [答案] ABD

[解析]《涉外民事关系法律适用法解释（一）》第1条规定："民事关系具有下列情形之一的，人民法院可以认定为涉外民事关系：①当事人一方或双方是外国公民、外国法人或者其他组织、无国籍人；②当事人一方或双方的经常居所地在中华人民共和国领域外；③标的物在中华人民共和国领域外；④产生、变更或者消灭民事关系的法律事实发生在中华人民共和国领域外；⑤可以认定为涉外民事关系的其他情形。"因此，ABD符合，C不符合。

综上，本题ABD当选。

[解题要领]

认定涉外民事法律关系的因素有：当事人、经常居所地、标的物、法律事实、其他情形。

73. [答案] D

[解析]《涉外民事关系法律适用法》第20条规定："依照本法适用经常居所地法律，自然人经常居所地不明的，适用其现在居所地法律。"因此，D正确。

综上，本题D当选。

[解题要领]

自然人经常居所地不明时的法律适用。

74. [答案] A

[解析] 本题涉及从巴西进口果冻鞋的合同纠纷案，因此与产生纠纷的民事关系有最密切联系的住所为巴西的住所。因此，A正确。

综上，本题A当选。

[解题要领]

当事人有多个住所时，应以与产生纠纷的民事关系有最密切联系的住所为住所。

75. [答案] C

[解析]《涉外民事关系法律适用法》第14条规定："法人及其分支机构的民事权利能力、民事行为能力、组织机构、股东权利义务等事项，适用登记地法律。法人的主营业地与登记地不一致的，可以适用主营业地法律。法人的经常居所地，为其主营业地。"本题中强峰公司的登记地为甲国，适用甲国法，主营业地在乙国，也可以适用乙国法。AB中"应当"应为"可以"，因此，AB错误，C正确。依据该条，D也错误。

综上，本题C当选。

[解题要领]

在法人的民事权利能力和行为能力的法律适用中，应当注意法人主营业地和登记地是否一致。

76. [答案] AC

[解析]《涉外民事关系法律适用法》第12条规定："自然人的民事行为能力，适用经常居所地法律。自然人从事民事活动，依照经常居所地法律为无民事行为能力，依照行为地法律为有民事行为能力的，适用行为地法律……"因此，AC正确。

综上，本题AC当选。

[解题要领]

自然人民事行为能力的法律适用。

77. [答案] BD

[解析]《涉外民事关系法律适用法》第16条规定："代理适用代理行为地法

律，但被代理人与代理人的民事关系，适用代理关系发生地法律。当事人可以协议选择委托代理适用的法律。"因此，BD 正确。

综上，本题 BD 当选。

解题要领

涉外代理的法律适用。

78. [答案] ACD

[解析]《涉外民事关系法律适用法》第 15 条规定："人格权的内容，适用权利人经常居所地法律。"因此，A 正确。

《涉外民事关系法律适用法》第 16 条规定："代理适用代理行为地法律，但被代理人与代理人的民事关系，适用代理关系发生地法律。当事人可以协议选择委托代理适用的法律。"因此，B 错误，D 正确。

《涉外民事关系法律适用法》第 17 条规定："当事人可以协议选择信托适用的法律。当事人没有选择的，适用信托财产所在地法律或者信托关系发生地法律。"因此，C 正确。

综上，ACD 当选。

解题要领

人格权的法律适用、涉外代理的法律适用、涉外信托的法律适用。

79. [答案] AD

[解析]《涉外民事关系法律适用法》第 37 条规定："当事人可以协议选择动产物权适用的法律。当事人没有选择的，适用法律事实发生时动产所在地法律。"因此，A 正确，B 错误。

《涉外民事关系法律适用法》第 38 条规定："当事人可以协议选择运输中动产物权发生变更适用的法律。当事人没有选择的，适用运输目的地法律。"因此，C 错误。

《涉外民事关系法律适用法》第 39 条规定："有价证券，适用有价证券权利实现地法律或者其他与该有价证券有最密切联系的法律。"因此，D 正确。

综上，本题 AD 当选。

解题要领

涉外动产物权的法律适用、运输中动产物权的法律适用、有价证券的法律适用。

80. [答案] AD

[解析]《涉外民事关系法律适用法》第37条规定："当事人可以协议选择动产物权适用的法律。当事人没有选择的，适用法律事实发生时动产所在地法律。"因此，AD正确，BC错误。

综上，本题AD当选。

[解题要领]

涉外动产物权的法律适用。

81. [答案] ACD

[解析]《民法典》第467条第2款规定："在中华人民共和国境内履行的中外合资经营企业合同、中外合作经营企业合同、中外合作勘探开发自然资源合同，适用中华人民共和国法律。"而题干涉及的合同系在俄罗斯境内履行，故可以选择适用外国法。因此，A正确，B错误。

意思自治的最晚时间为一审法庭辩论终结前。因此，C正确。

根据中国民事诉讼法专属管辖的规定，在中国履行的中外合资经营企业合同、中外合作经营企业合同、中外合作勘探开发自然资源合同发生纠纷提起的诉讼，只能由中国法院专属管辖。而本案涉及的合同系在俄罗斯履行，故不属于中国法院专属管辖的范围。另外，专属管辖不排除仲裁，即使本案属于中国法院专属管辖的范围，也不能排除当事人选择仲裁机构仲裁的权利。因此，无论如何，D均正确。

综上，本题ACD当选。

[解题要领]

（1）合同的法律适用中意思自治原则的例外；

（2）意思自治的最晚时间；

（3）诉讼与仲裁的关系。

82. [答案] ACD

[解析]意思自治原则是指法律允许当事人选择的，当事人的选择才有效。但并不代表"法律没有明确禁止当事人选择的，当事人的选择均为有效"。因此，A错误。

《涉外民事关系法律适用法》第42条规定："消费者合同，适用消费者经常居所地法律；消费者选择适用商品、服务提供地法律或者经营者在消费者经常居所地没有从事相关经营活动的，适用商品、服务提供地法律。"因此，C错误。

《涉外民事关系法律适用法》第43条规定："劳动合同，适用劳动者工作地法律；难以确定劳动者工作地的，适用用人单位主营业地法律。劳务派遣，可以适用劳务派出地法律。"因此，D错误。

综上，本题ACD当选。

解题要领

(1)《涉外民事关系法律适用法》中的意思自治原则及其例外；

(2) 两类特殊合同的法律适用：涉外消费者合同的法律适用、涉外劳动合同的法律适用。

83. 答案 ABC

解析 《涉外民事关系法律适用法》第43条规定："劳动合同，适用劳动者工作地法律；难以确定劳动者工作地的，适用用人单位主营业地法律。劳务派遣，可以适用劳务派出地法律。"因此，ABC正确。

综上，本题ABC当选。

解题要领

涉外劳动合同的法律适用。

84. 答案 C

解析 《涉外民事关系法律适用法》第45条规定："产品责任，适用被侵权人经常居所地法律；被侵权人选择适用侵权人主营业地法律、损害发生地法律的，或者侵权人在被侵权人经常居所地没有从事相关经营活动的，适用侵权人主营业地法律或者损害发生地法律。"因此，C正确，ABD错误。

综上，本题C当选。

解题要领

涉外产品责任侵权的法律适用。

85. 答案 AC

解析 《涉外民事关系法律适用法》第48条规定："知识产权的归属和内

容,适用被请求保护地法律。"本题的被请求保护地是中国,因此,A 正确,B 错误。

《涉外民事关系法律适用法》第 50 条规定:"知识产权的侵权责任,适用被请求保护地法律,当事人也可以在侵权行为发生后协议选择适用法院地法律。"因此,C 正确。

D 错在双方可以在侵权行为发生后协议选择法院地法,即中国法,而不是美国法。

综上,本题 AC 当选。

解题要领

涉外知识产权侵权的法律适用。

86. [答案] C

[解析]《涉外民事关系法律适用法》第 50 条规定:"知识产权的侵权责任,适用被请求保护地法律,当事人也可以在侵权行为发生后协议选择适用法院地法律。"本题被请求保护地和法院地均在中国,所以只能适用中国法。因此,C 当选。

综上,本题 C 当选。

解题要领

涉外知识产权侵权的法律适用。

87. [答案] C

[解析]《票据法》第 96 条第 1 款规定:"票据债务人的民事行为能力,适用其本国法律。"《涉外民事关系法律适用法》第 19 条规定:"依照本法适用国籍国法律,自然人具有两个以上国籍的,适用有经常居所的国籍国法律;在所有国籍国均无经常居所的,适用与其有最密切联系的国籍国法律。自然人无国籍或者国籍不明的,适用其经常居所地法律。"因此,C 正确。

综上,本题 C 当选。

解题要领

(1) 票据债务人民事行为能力的法律适用;
(2) 自然人国籍积极冲突时的法律适用。

88. 答案 C

解析 《票据法》第99条规定："票据追索权的行使期限，适用出票地法律。"因此，A错误。

《票据法》第96条规定："票据债务人的民事行为能力，适用其本国法律。票据债务人的民事行为能力，依照其本国法律为无民事行为能力或者为限制民事行为能力而依照行为地法律为完全民事行为能力的，适用行为地法律。"因此，B错误。

《票据法》第97条规定："汇票、本票出票时的记载事项，适用出票地法律。支票出票时的记载事项，适用出票地法律，经当事人协议，也可以适用付款地法律。"因此，C正确。

《票据法》第100条规定："票据的提示期限、有关拒绝证明的方式、出具拒绝证明的期限，适用付款地法律。"因此，D错误。

综上，本题C当选。

解题要领

涉外票据的法律适用。

89. 答案 C

解析 救助费用的理算和工资支付均属于优先权范畴。《海商法》第272条规定："船舶优先权，适用受理案件的法院所在地法律。"因此，C正确。

综上，本题C当选。

解题要领

(1) 船舶优先权的概念和范畴；

(2) 船舶优先权的法律适用。

90. 答案 C

解析 《海商法》第273条第3款规定："同一国籍的船舶，不论碰撞发生于何地，碰撞船舶之间的损害赔偿适用船旗国法律。"本题碰撞的两艘船舶船旗国均为加拿大，所以应适用加拿大法。因此，C正确。

综上，本题C当选。

解题要领

船舶碰撞侵权的法律适用。

91. 答案 C

解析 《民用航空法》第189条规定:"民用航空器对地面第三人的损害赔偿,适用侵权行为地法律。民用航空器在公海上空对水面第三人的损害赔偿,适用受理案件的法院所在地法律。"因此,C正确。

综上,本题C当选。

解题要领

民用航空器侵权的法律适用。

92. 答案 A

解析 《涉外民事关系法律适用法》第27条规定:"诉讼离婚,适用法院地法律。"因此,A正确。

综上,本题A当选。

解题要领

诉讼离婚的法律适用。

93. 答案 BCD

解析 《涉外民事关系法律适用法》第26条规定:"协议离婚,当事人可以协议选择适用一方当事人经常居所地法律或者国籍国法律。当事人没有选择的,适用共同经常居所地法律;没有共同经常居所地的,适用共同国籍国法律;没有共同国籍的,适用办理离婚手续机构所在地法律。"《涉外民事关系法律适用法》第24条规定:"夫妻财产关系,当事人可以协议选择适用一方当事人经常居所地法律、国籍国法律或者主要财产所在地法律。当事人没有选择的,适用共同经常居所地法律;没有共同经常居所地的,适用共同国籍国法律。"因此,BCD正确,A错误。

综上,本题BCD当选。

解题要领

(1) 涉外协议离婚的法律适用;
(2) 夫妻财产关系的法律适用。

94. 答案 AD

解析 《涉外民事关系法律适用法》第21条规定:"结婚条件,适用当事人共同经常居所地法律；没有共同经常居所地的，适用共同国籍国法律；没有共同国籍，在一方当事人经常居所地或者国籍国缔结婚姻的，适用婚姻缔结地法律。"柯某与施某没有共同经常居所地，也没有共同国籍，应适用婚姻缔结地法，即甲国法。因此，A 正确，C 错误。

《涉外民事关系法律适用法》第 22 条规定："结婚手续，符合婚姻缔结地法律、一方当事人经常居所地法律或者国籍国法律的，均为有效。"因此，B 错误，D 正确。

综上，本题 AD 当选。

[解题要领]

涉外结婚的法律适用。

95. [答案] ABC

[解析] 根据《涉外民事关系法律适用法》第 25 条、第 28~30 条的规定，ABC 正确，D 错误。

综上，本题 ABC 当选。

[解题要领]

《涉外民事关系法律适用法》中三个体现保护弱者权益的法条。

96. [答案] D

[解析]《涉外民事关系法律适用法》第 30 条规定："监护，适用一方当事人经常居所地法律或者国籍国法律中有利于保护被监护人权益的法律。"因此，D 正确。

综上，本题 D 当选。

[解题要领]

涉外监护的法律适用。

97. [答案] B

[解析] 题干中表明被继承人死亡时未留遗嘱，所以应适用法定继承。《涉外民事关系法律适用法》第 31 条规定："法定继承，适用被继承人死亡时经常居所地法律，但不动产法定继承，适用不动产所在地法律。"因此，B 正确。

综上，本题 B 当选。

[解题要领]

法定继承的法律适用。

98. [答案] AC

[解析] 《涉外民事关系法律适用法》第33条规定："遗嘱效力，适用遗嘱人立遗嘱时或者死亡时经常居所地法律或者国籍国法律。"因此，AC 正确。

综上，本题 AC 当选。

[解题要领]

涉外遗嘱继承中关于遗嘱效力的法律适用。

99. [答案] ACD

[解析] 《涉外民事关系法律适用法》第32条规定："遗嘱方式，符合遗嘱人立遗嘱时或者死亡时经常居所地法律、国籍国法律或者遗嘱行为地法律的，遗嘱均为成立。"《涉外民事关系法律适用法》第33条规定："遗嘱效力，适用遗嘱人立遗嘱时或者死亡时经常居所地法律或者国籍国法律。"因此，B 正确，ACD 错误。

综上，本题 ACD 当选。

[解题要领]

涉外遗嘱继承中关于遗嘱方式和遗嘱效力的法律适用。

专题 11 国际民商事争议的解决

- **国际商事仲裁**
  - **涉外仲裁协议效力认定**
    - 仲裁协议的内容
      - 请求仲裁的意思表示
      - 仲裁事项
      - 选定仲裁委员会
    - 约定不明——仲裁协议效力认定
      - ①仲裁机构名称不准确
      - ②仅约定纠纷适用的仲裁规则
      - ③约定2个以上仲裁机构
      - ④约定由某地仲裁机构仲裁
      - ⑤约定争议可申请仲裁也可向法院起诉
    - 仲裁协议认定机构
      - 法院和仲裁委员会——一方请求法院裁定，一方请求仲裁机构认定，（国内）由法院裁定
      - 不予受理
        - 仲裁机构已经认定仲裁协议的效力，当事人向法院申请确认仲裁协议效力或申请撤销仲裁机构决定
        - 仲裁庭首次开庭前没有提出异议，而后向法院申请确认仲裁协议无效
    - 仲裁协议法律适用
      - 可以协议选择仲裁协议适用的法律
      - 没有选择——适用仲裁机构所在地法律或仲裁地法律
  - **国际商事仲裁裁决在外国的执行**
    - 依《纽约公约》——中国提出两个保留：①只承认仲裁地在缔约国内的裁决；②只承认商事仲裁裁决
  - **仲裁司法审查案件报核问题的规定**
    - 法院内部报告制度
      - 适用范围
        - ①认定涉外仲裁协议无效
        - ②撤销或不予执行涉外仲裁裁决
        - ③不予承认和执行外国仲裁裁决
      - 涉外——逐级上报最高院，决定权在最高院
      - 无涉外因素案件——逐级上报高院，高院裁定
  - **2015年中国国际经济贸易仲裁委员会仲裁规则**
    - 多份合同仲裁与合并仲裁
      - 多份合同仲裁——当事人申请时（仲裁委受案前）——条件同时满足（主从合同关系……）
      - 合并仲裁——仲裁委受案后（经一方当事人请求）——条件（符合之一即可）同一仲裁协议提出……
    - 追加当事人
      - 申请人——原仲裁程序的任何一方
      - 仲裁程序的任何阶段均可提出
      - 决定权——贸仲委
      - 被追加当事人的权利——管辖权异议、选定仲裁员、答辩和反请求期
    - 简易程序的适用
      - 一般情况——小额争议
      - 特殊情况
        - ①超过500万元+一方书面申请，另一方书面同意
        - ②双方约定适用
        - ③仲裁委员会根据相关因素综合考虑决定
    - 引入紧急仲裁员程序
    - 贸仲委香港仲裁中心管理仲裁案件的程序
      - 管辖范围
      - 仲裁地——香港，除非当事人另有约定
      - 仲裁程序——适用香港仲裁法
      - 仲裁裁决——香港裁决，裁决书应加盖中国国际经济贸易仲裁委员会香港仲裁中心印章
      - 管辖权异议

专题 11　国际民商事争议的解决

- **国际民商事争议的解决**
  - **国际民事案件的管辖权规定**
    - 协议管辖：①涉外普通协议管辖；②海事特别协议管辖
    - 中国法院放弃管辖情形：同时+可以
    - 平行诉讼管辖：中国法院和外国法院都有管辖权的案件，一方向外国法院起诉，另一方向中国法院起诉，中国法院可以受理
    - 一事不再理：①中国法院受理后作出判决；②中国法院已承认外国法院判决、裁定
    - 集中管辖
      - 适用集中管辖的涉外民商事案件
      - 不适用集中管辖的涉外民商事案件
  - **国际商事法庭**
    - 设立：最高人民法院的常设审判机构
    - 受案范围（标的额为3亿元以上、需要最高人民法院审理并获准、全国有重大影响等）｜国际商事案件的认定（当事人、经常居所地、标的物所在地、法律事实发生地）
    - 审判组织：合议庭评议案件、少数服从多数等｜适用法律——根据《涉外民事关系法律适用法》确定实体法｜域外法律查明
    - 证据材料：①域外证据，均应当庭质证；②英文+当事人同意，可不提供中文翻译；③国际商事法庭收集+组织质证，可网络方式
    - "一站式"纠纷解决机制：调解、仲裁、诉讼有机衔接
    - 一审终审：可向最高院本部申请再审，另行组成合议庭｜为当事人提供诉讼便利
  - **文书送达与域外取证**
    - 文书送达
      - 我国—外国：①条约途径；②外交途径；③委托我国驻受送达人所在国的使领馆向我国公民送达；④向受送达人本人、法定代表人、主要负责人送达；⑤向诉讼代理人送达（有例外）；⑥向代表机构送达；⑦向经授权的分支机构和业务代办人送达；⑧邮寄送达；⑨留置送达；⑩传真、电子邮件等能够确认收悉的其他适当送达方式；11公告送达
      - 1965年《海牙送达公约》和1992年最高院司法解释：送达途径｜拒绝送达｜不能拒绝送达
    - 域外取证
      - 代为取证：①请求书方式进行，以条约为基础；②指定一个中央司法机关；③拒绝[拒绝理由、不能拒绝的情况（专属管辖权等）]
      - 使领馆取证（本国公民）
  - **外国法院判决的承认与执行**
    - 中国对外国法院判决承认与执行的规定
      - 提出方式：①当事人提出；②法院提出
      - 申请或请求的审查｜承认与执行的条件｜不予承认与执行的救济
    - 离婚判决的承认与执行：①不以双边司法协助协议或互惠关系为基础；②承认和执行其外国判决中解除夫妻身份关系的内容

第33讲 国际商事仲裁

考点 53 ▶ 涉外仲裁协议的效力认定

100. 有关涉外仲裁协议的效力问题，下列表述不正确的是：（ ）

A. 约定的仲裁事项超出法律规定的范围的，仲裁协议无效

B. 如果仲裁协议对仲裁事项和仲裁委员会约定不明确，当事人不能达成补充协议的，该仲裁协议无效

C. 当事人约定两个或两个以上的仲裁机构进行仲裁的，该仲裁协议无效

D. 当事人达成的仲裁协议只规定了仲裁地点，未约定仲裁机构，双方当事人在补充协议中选定了在该地点依法重新组建的仲裁机构的，仲裁协议有效

考点 54 ▶ 国际商事仲裁裁决在外国的执行

101. 美国某公司依1958年联合国《承认及执行外国仲裁裁决公约》（以下简称《纽约公约》），请求中国法院承认与执行一项国际商会国际仲裁院的裁决。依据该公约及中国相关司法解释，下列表述错误的有：（ ）

A. 该仲裁裁决当事人国籍是《纽约公约》缔约国，是我国法院承认的前提条件

B. 《纽约公约》第5条规定的拒绝承认与执行外国仲裁裁决的理由是穷尽性的

C. 如该裁决内含有对仲裁协议范围以外事项的决定，法院应拒绝承认执行该裁决

D. 如该裁决所解决的争议属于侵权性质，法院应拒绝承认执行该裁决

考点 55 ▶ 最高人民法院《关于仲裁司法审查案件报核问题的有关规定》和《关于审理仲裁司法审查案件若干问题的规定》

102. 为提高对涉外仲裁及外国仲裁事项有关问题的裁判的一致性，最高人民法院建立了相关的法院内部报告制度。根据该制度，下列表述不正确的是：（ ）

A. 受诉法院如决定拒绝执行一项外国仲裁裁决，应在作出相关裁定前依该制度履行上报手续。拒绝执行外国仲裁裁决的决定权由最高人民法院行使
B. 受诉法院如决定执行一项外国仲裁裁决，亦需依该制度履行上报手续
C. 该制度适用于对涉外仲裁裁决的撤销和重新仲裁的情形
D. 该制度不适用于认定涉及港澳台的合同中的仲裁条款无效的情形

考点 56 ▶ 2015 年中国国际经济贸易仲裁委员会仲裁规则

103. 2020 年 8 月，中国强峰贸易有限公司与香港鼎丰集团签订了一份国际货物买卖合同，合同约定将争议提交中国国际经济贸易仲裁委员会在香港仲裁，仲裁地在香港。假设双方未就仲裁规则及仲裁协议的法律适用作出约定。现双方因履行合同发生纠纷，根据中国《涉外民事关系法律适用法》及相关司法解释和 2015 年《中国国际经济贸易仲裁委员会仲裁规则》的规定，下列判断正确的是：（ ）

A. 若双方就仲裁协议的效力发生纠纷诉至内地法院，内地法院应适用内地法律来认定仲裁协议的效力
B. 香港仲裁中心应适用 2015 年《中国国际经济贸易仲裁委员会仲裁规则》来审理本案
C. 本案作出的仲裁裁决为香港仲裁裁决
D. 若本案当事人对该仲裁协议的效力有异议，应在仲裁庭首次开庭前提出

第34讲 我国关于国际民事案件的管辖权规定

考点 57 ▶ 我国关于国际民事案件的管辖权规定

104. 最高人民法院于 2001 年 12 月 25 日通过的《关于涉外民商事案件诉讼管辖若干问题的规定》（于 2020 年 12 月 23 日修正）将部分涉外案件集中至审理能力较强的法院管辖。下列案件中，不适用该规定中的集中管辖的有哪些？（ ）

A. 中国人李平在中缅边贸市场购买了三块玉石，因玉石质量瑕疵与缅甸卖方发生纠纷的案件
B. 中国甲公司与新西兰乙远洋运输公司因运输合同产生的纠纷案

C. 西班牙人雷诺多在中国广州购买了一栋二手房，因房屋质量问题与卖方中国人王明发生纠纷的案件

D. 法国甲公司诉中国乙公司侵犯其发明专利权纠纷案

105. 根据最高人民法院《关于适用〈中华人民共和国民事诉讼法〉的解释》的相关规定，中国首次在司法解释中明确规定如何运用"非方便法院原则"拒绝行使管辖权，也称"不方便管辖原则"。根据相关司法解释的规定，下列判断正确的有：（　　）

A. 该原则适用的条件之一是案件不涉及中华人民共和国国家、公民、法人或者其他组织的利益

B. 该原则适用的条件之一是案件争议的主要事实发生在中国境外，且案件不适用中国法律，人民法院审理案件在认定事实和适用法律方面存在重大困难

C. 只要被告提出并能证明案件由某外国法院管辖更方便，法院就可以裁定驳回原告的起诉，告知其向更方便的外国法院提起诉讼

D. 只要该案件不属于中国法院专属管辖，法院就可以裁定驳回原告的起诉，告知其向更方便的外国法院提起诉讼

第35讲　文书送达与域外取证

考点 58 ▶ 文书送达

106. 最高人民法院《关于涉外民事或商事案件司法文书送达问题若干规定》对涉外民事或商事案件司法文书送达中具有普遍性、又亟待解决的一些问题作出了详细规定。根据该司法解释的规定，人民法院要向某外国甲公司送达文书，下列判断中哪些是正确的？（　　）

A. 甲公司的法定代表人詹某正好来到中国，这时可以向詹某直接送达该文书

B. 中国律师王某是该公司的诉讼代理人，其授权委托书中没有提及代为接收有关司法文书，故不能向王某送达

C. 该公司在我国有代表机构，把文书送达给该代表机构不需该公司的特别授权

D. 人民法院可以通过传真、电子邮件等能够确认的其他适当方式向受送达人送达

107. 某中国企业因与在境外设立的外国公司的争议向我国法院提起诉讼。根据最高人民法院《关于涉外民事或商事案件司法文书送达问题若干规定》的规定，对于该外国公司不在中国境内的情况，我国法院可以向下列哪几类在中国境内的机构或人员进行留置送达？（　　）

　　A. 可向该公司设在中国的任何分支机构送达

　　B. 可向该公司设在中国的代表机构送达

　　C. 如该公司的法定代表人位于中国境内时，法院可向其送达

　　D. 可向该公司在中国有授权的业务代办人送达

考点 59 ▶ 域外取证

108. 根据我国《民事诉讼法》以及我国参加的有关国际公约的规定，到我国领域内调查取证可以采取的方式有哪些？（　　）

　　A. 领事取证

　　B. 特派员取证

　　C. 当事人或诉讼代理人自行取证

　　D. 请求我国司法机关代为取证

109. 根据最高人民法院《关于依据国际公约和双边司法协助条约办理民商事案件司法文书送达和调查取证司法协助请求的规定》的规定，下列说法正确的是：（　　）

　　A. 人民法院协助外国办理民商事案件司法文书送达和调查取证请求，适用对等原则

　　B. 人民法院委托外国送达民商事案件司法文书和进行民商事案件调查取证，需要提供译文的，译文应当附有确认译文与原文一致的翻译证明，翻译证明应当有翻译机构的印章或翻译人的签名，译文不得加盖人民法院印章

　　C. 最高人民法院统一管理全国各级人民法院的国际司法协助工作。中级人民法院、基层人民法院和有权受理涉外案件的专门法院，应当确定一个部门统一管理本辖区各级人民法院的国际司法协助工作并指定专人负责

　　D. 如果被送达国既加入了《海牙送达公约》《海牙取证公约》，又与我国签订了双边司法协助条约，则我国提出协助请求时应以双边条约优先

第36讲 外国法院判决的承认与执行

考点 60 ▶ 外国法院判决的承认与执行

110. 中国人何某、乔某在英国留学期间结婚，后乔某先行回国，不久何某即向英国一法院起诉，要求与乔某离婚。该法院作出了准予离婚的判决，并且该判决在财产分割等问题上对乔某明显不利。现何某要求国内某中级人民法院承认该判决。对此，下列说法正确的是：（　　）

　　A. 由于婚姻关系未在我国国内缔结，我国法院不予受理
　　B. 若英国法院的判决是在乔某缺席，且未对乔某进行合法传唤的情况下作出的，我国法院将裁定不予承认，且该裁定不能上诉
　　C. 如果何某在起诉前已加入英国国籍，人民法院不予受理何某的请求
　　D. 经审查如果英国法院的判决违反了我国法律中男女平等的基本原则，我国法院可不予承认

111. 中国强峰公司与甲国菲力公司共同投资在甲国设立合营企业，后甲国菲力公司以中国强峰公司违约为由诉至甲国法院，甲国法院判决中国强峰公司违约，要求支付违约金并继续履行合同。由于中国强峰公司拒绝履行法院判决，甲国菲力公司向我国有管辖权的法院请求承认并执行甲国法院的判决。下列哪项不能成为我国法院拒绝承认甲国法院判决的理由？（　　）

　　A. 甲国为两审终审制，该判决为一审判决且未过上诉期
　　B. 甲国与我国没有缔结或者共同参加任何司法协助条约，也不存在司法协助的互惠关系
　　C. 中国强峰公司为我国军工企业，继续履行合同可能导致某些军事机密的泄露
　　D. 中国强峰公司主张该案为中外合资经营合同纠纷，应由我国法院专属管辖

答案及解析

100. [答案] C

[解析] 仲裁协议约定 2 个以上仲裁机构的，当事人可以协议选择其中的 1 个仲裁机构申请仲裁；当事人不能就仲裁机构选择达成一致的，仲裁协议无效。因此，C 错误，ABD 正确。

综上，本题 C 当选。

[解题要领] 约定不明的仲裁协议的效力认定。

101. [答案] ACD

[解析] 根据中国加入《纽约公约》时的保留，中国只承认在其他缔约国领土内作出的商事仲裁裁决，与当事人国籍无关，也没有对侵权性质案件保留。因此，AD 错误。

1958 年联合国《纽约公约》第 5 条规定：①只有在请求承认和执行裁决中的被诉人向请求地管辖机关证明下列情况的时候，才可以根据被诉人的请求，拒绝承认和执行裁决：a. 第 2 条所述的协议的双方当事人，根据对他们适用的法律，当时是处于某种无能为力的情况下；或者根据双方当事人选定适用的法律，或在没有这种选定的时候，根据仲裁地国的法律，上述协议是无效的。或者 b. 请求承认和执行裁决中的被诉人，没有给他有关指定仲裁员或者进行仲裁程序的适当通知，或者由于其他情况而不能对案件提出意见。或者 c. 裁决涉及仲裁协议所没有提到的，或者不包括在仲裁协议规定之内的争执；或者裁决内含有对仲裁协议范围以外事项的决定；但是，对于仲裁协议范围以内的事项的决定，如果可以将其同仲裁协议范围以外的事项决定分开，那么，这一部分的决定仍然可以承认和执行。或者 d. 仲裁庭的组成或仲裁程序同当事人间的协议不符，或者当事人间没有这种协议时，同仲裁地国的法律不符。或者 e. 仲裁对当事人还没有拘束力，或者仲裁已经被仲裁地国或裁决据以进行的那个缔约的指定国的管辖机关撤销或命令停止执行。②裁决被请求承认和执行的管辖机关如果查明有下列情况，也可以拒绝承认和执行：a. 争执的事项，依照这个国家的法律，不可以用仲裁方式解决；或者 b. 承认或执行裁决将和这个国家的公共秩序相抵触。所以《纽约公约》第 5 条规定的拒绝承认与执行外国仲裁裁决的理由是穷尽性的。因此，B 正确。

C 错在如该裁决内含有对仲裁协议范围以外事项的决定，法院应当对超出的部分协议拒绝承认和执行，而不是全部拒绝承认和执行。

综上，本题 ACD 当选。

解题要领

(1)《纽约公约》第 5 条规定的拒绝承认和执行的理由是穷尽性的；

(2) 法院可以对仲裁裁决部分执行；

(3) 中国只承认仲裁地在《纽约公约》缔约国境内作出的商事仲裁裁决。

102. [答案] BD

[解析] 2022 年 1 月 1 日实施的最高人民法院《关于仲裁司法审查案件报核问题的有关规定》第 2 条第 1 款规定："各中级人民法院或者专门人民法院办理涉外涉港澳台仲裁司法审查案件，经审查拟认定仲裁协议无效，不予执行或者撤销我国内地仲裁机构的仲裁裁决，不予认可和执行香港特别行政区、澳门特别行政区、台湾地区仲裁裁决，不予承认和执行外国仲裁裁决，应当向本辖区所属高级人民法院报核；高级人民法院经审查拟同意的，应当向最高人民法院报核。待最高人民法院审核后，方可依最高人民法院的审核意见作出裁定。"因此，AC 正确，BD 错误。

综上，本题 BD 当选。

解题要领

人民法院对涉外仲裁作出否定性的结论，必须逐级上报，决定权在最高人民法院。

103. [答案] C

[解析] 关于仲裁协议的法律适用，首先允许当事人协议，无协议的，适用仲裁机构所在地法律或仲裁地法律。本题仲裁机构所在地和仲裁地均在香港，因此内地法院应适用香港法律认定仲裁协议的效力。因此，A 错误。

根据2015年施行的《中国国际经济贸易仲裁委员会仲裁规则》规定的贸仲委香港仲裁中心管理仲裁案件的程序，香港仲裁中心的仲裁程序适用法应为香港仲裁法。因此，B错误。

仲裁地在香港，故裁决性质为香港裁决。因此，C正确。

根据2015年施行的《中国国际经济贸易仲裁委员会仲裁规则》规定的贸仲委香港仲裁中心管理仲裁案件的程序，当事人对仲裁协议有异议的，应不晚于第一次实体答辩前提出。因此，D错误。

综上，本题C当选。

解题要领

2015年施行的《中国国际经济贸易仲裁委员会仲裁规则》贸仲委香港仲裁中心管理仲裁案件的程序。

104. [答案] ACD

[解析] 根据最高人民法院《关于涉外民商事案件诉讼管辖若干问题的规定》第4条的规定，不适用集中管辖的涉外民商事案件的范围包括：①边境贸易纠纷案件；②涉外房地产案件；③涉外知识产权案件。因此，ACD当选，B不当选。

综上，本题ACD当选。

解题要领

集中管辖是将一些比较重要的涉外民商事案件集中到更高一级的法院进行管辖，是优化法院管辖权的体现。

105. [答案] AB

[解析] 最高人民法院《关于适用〈中华人民共和国民事诉讼法〉的解释》第530条规定："涉外民事案件同时符合下列情形的，人民法院可以裁定驳回原告的起诉，告知其向更方便的外国法院提起诉讼：①被告提出案件应由更方便外国法院管辖的请求，或者提出管辖异议；②当事人之间不存在选择中华人民共和国法院管辖的协议；③案件不属于中华人民共和国法院专属管辖；④案件不涉及中华人民共和国国家、公民、法人或者其他组织的利益；⑤案件争议的主要事实不是发生在中华人民共和国境内，且案件不适用中华人民共和国法律，人民法院审理案件在认定事实和适用法律

方面存在重大困难；⑥外国法院对案件享有管辖权，且审理该案件更加方便。"因此，AB 正确。

综上，本题 AB 当选。

【解题要领】

"不方便法院管辖原则"强调两个要点：

（1）涉外民事案件同时符合 6 个要件；

（2）即使同时符合 6 个要件，人民法院仍然拥有是否管辖该案件的裁量权。

106. 【答案】ACD

【解析】根据最高人民法院《关于涉外民事或商事案件司法文书送达问题若干规定》第 4 条的规定，向诉讼代理人送达的，无需经过授权。因此，B 错误。

综上，本题 ACD 当选。

【解题要领】

（1）受送达人本人、主要负责人、法定代表人在中国领域出现的，可以直接送达。

（2）向诉讼代理人、代表机构送达的，无需授权；向分支机构、业务代办人送达的，必须有授权。

107. 【答案】BCD

【解析】最高人民法院《关于涉外民事或商事案件司法文书送达问题若干规定》第 12 条规定："人民法院向受送达人在中华人民共和国领域内的法定代表人、主要负责人、诉讼代理人、代表机构以及有权接受送达的分支机构、业务代办人送达司法文书，可以适用留置送达的方式。"因此，BC 正确。

D 的业务代办人是经过授权的，可以向其留置送达。因此，D 正确。

A 说法错误，不是任何分支机构都有权接受送达，必须要经过授权。

综上，本题 BCD 当选。

【解题要领】

（1）适用留置送达的有：受送达人本人、主要负责人、法定代表人、诉讼代理人、代表机构、分支机构、业务代办人。

（2）向诉讼代理人、代表机构送达的，无需授权；向分支机构、业务代办人送达的，需要授权。

108. [答案] AD

[解析] 我国只允许外国通过条约、外交途径请求我国司法机关代为取证，或通过使领馆途径取证，不允许自行取证和特派员取证。因此，AD正确。

综上，本题AD当选。

[解题要领]

我国只承认使领馆取证和代为取证两种方式，但要注意通过使领馆方式取证的，只能向其本国人取证。

109. [答案] AB

[解析] 根据最高人民法院《关于依据国际公约和双边司法协助条约办理民商事案件司法文书送达和调查取证司法协助请求的规定》的规定，AB说法正确。

C应为：最高人民法院统一管理全国各级人民法院的国际司法协助工作。中级人民法院、基层人民法院和有权受理涉外案件的专门法院，应当指定专人管理国际司法协助工作；有条件的，可以同时确定一个部门管理国际司法协助工作。

D错在"双边条约优先"上，应根据"高效、便捷"的原则进行选择。

综上，本题AB当选。

[解题要领]

熟悉最高人民法院《关于依据国际公约和双边司法协助条约办理民商事案件司法文书送达和调查取证司法协助请求的规定》。

110. [答案] BD

[解析] 我国关于承认和执行外国法院离婚判决的专门规定有：

（1）最高人民法院《关于人民法院受理申请承认外国法院离婚判决案件有关问题的规定》主要内容如下：①中国公民向人民法院申请承认外

国法院离婚判决，人民法院不应以其未在国内缔结婚姻关系而拒绝受理。因此，A错误。中国公民申请承认外国法院在其缺席情况下作出的离婚判决，应同时向人民法院提交作出该判决的外国法院已合法传唤其出庭的有关证明文件。②外国公民向人民法院申请承认外国法院离婚判决，如果其离婚的原配偶是中国公民的，人民法院应予受理；如果其离婚的原配偶是外国公民的，人民法院不予受理，但可告知其直接向婚姻登记机关申请结婚登记。因此，C错误。③当事人向人民法院申请承认外国法院离婚调解书效力的，人民法院应予受理，并根据最高人民法院《关于中国公民申请承认外国法院离婚判决程序问题的规定》进行审查，作出承认或不予承认的裁定。

(2) 最高人民法院《关于中国公民申请承认外国法院离婚判决程序问题的规定》第12条规定："经审查，外国法院的离婚判决具有下列情形之一的，不予承认：①判决尚未发生法律效力；②作出判决的外国法院对案件没有管辖权；③判决是在被告缺席且未得到合法传唤情况下作出的；④该当事人之间的离婚案件，我国法院正在审理或已作出判决，或者第三国法院对该当事人之间作出的离婚案件判决已为我国法院所承认；⑤判决违反我国法律的基本原则或者危害我国国家主权、安全和社会公共利益。"该规定第7条规定："人民法院审查承认外国法院离婚判决的申请，由3名审判员组成合议庭进行，作出的裁定不得上诉。"根据以上规定，BD正确。

综上，本题BD当选。

解题要领

(1) 熟悉我国法院对涉外离婚案件的管辖权；

(2) 熟悉我国法院承认和执行外国法院判决的前提条件。

111. 答案 D

解析 承认与执行外国法院判决的条件有：①判决已生效；②原判决国法院必须有管辖权；③审判程序公正；④不与我国正在进行的或已经终结的诉讼相冲突；⑤不违反中国公共秩序；⑥该国与中国存在条约或互惠关系。因此，ABC均属于必备条件。

D要特别注意，虽然专属管辖可以成为拒绝承认和执行外国法院判决的理由，但是本案的中外合资经营企业在甲国履行，不属于中国法院专属管辖的案件。因此，D在本案中不属于必备条件。

综上，本题 D 当选。

解题要领

（1）我国法院承认和执行外国法院判决的前提条件。

（2）在中国境内履行的中外合资、中外合作、中外合作勘探自然资源合同属于中国法院专属管辖的案件。但要特别注意，在外国境内履行的"三资"合同并不属于中国法院专属管辖。

专题 12　区际司法协助

区际文书送达和调取证据

域外文书送达与区际文书送达的异同

- **送达方式的异同**
  - 域外送达方式（10种）：①国际条约；②外交途径；③使领馆；④诉讼代理人和代表机构；⑤分支机构和业务代办人；⑥邮寄；⑦公告；⑧在我国领域出现的受送达人或法定代表人、主要负责人；⑨传真、电子邮件等方式；⑩留置送达
  - 区际送达方式（涉港澳为8种、涉台为9种）：域外送达10种中，即上述第4~10种方式也适用于港澳台送达
    - 涉港澳台均可采用委托送达方式，但存在区别
    - 涉台送达还可采用指定代收人方式
- **送达细节的总结**
  - 邮寄和公告送达方式：无论域外还是区际都是3个月

区际文书委托送达与区际调查取证

- **涉港**
  - 文书送达：内地高院 ←→ 香港高等法院；内地最高法 ←→ 香港高等法院　期限2个月
  - 区际调取证据：内地高院 ←→ 香港政务司行政署；内地最高法 ←→ 香港政务司行政署　期限6个月
- **涉澳**
  - 文书送达：内地高院 ←→ 澳门终审法院；内地最高法（包括其授权的内地部分中院和基层法院）←→ 澳门终审法院　期限2个月
  - 区际调取证据：内地高院 ←→ 澳门终审法院；内地最高法（包括其授权的内地部分中院和基层法院）←→ 澳门终审法院　期限3个月
- **涉台**
  - 文书送达：大陆地区高院 ←→ 台湾地区有关法院　期限2个月

《关于内地与澳门特别行政区法院就民商事案件相互委托送达司法文书和调取证据的安排》

- 增加内地机构：最高院授权部分中院与基层法院
- 增加新的取证方式：音视频取证（委托方请求+证人、鉴定人同意，受委托方可以协助安排）
- 细化条款：①应先电子方式转递，无法转递则邮寄；②法院印章与法官签名具有同等效力；③及时退回

专题 12 区际司法协助

区际判决、仲裁裁决的认可与执行

- 《关于内地与香港特别行政区法院相互认可和执行婚姻家庭民事案件判决的安排》
  - 管辖法院：内地、香港；最先立案
  - 不予认可和执行的理由
  - 部分执行
  - 期限：2年
  - 中文译本：内地必须提供中文译本，香港无要求
  - 两地法院同时有管辖权，总额不能超过判决数额
  - 不服救济

- 《关于内地与香港特别行政区法院相互认可和执行民商事案件判决的安排》
  - 适用范围
  - 对象：内地、香港
  - 管辖法院：内地、香港
  - 不予认可和执行的理由（应当、可以）
  - 部分执行
  - 期限：2年
  - 中文译本：内地必须提供中文译本，香港无要求
  - 两地法院同时有管辖权，总额不能超过判决数额
  - 不服救济

- 《关于内地与香港特别行政区相互执行仲裁裁决的安排》
  - 适用范围
  - 对象：内地、香港
  - 管辖法院：内地、香港
  - 两地法院同时有管辖权

- 《关于内地与香港特别行政区法院就仲裁程序相互协助保全的安排》
  - 适用范围
  - 管辖法院：内地、香港
  - 程序、费用：依被请求方法律

- 《关于内地与澳门特别行政区相互认可和执行民商事判决的安排》
  - 适用范围
  - 对象：内地、澳门
  - 管辖法院：内地、澳门
  - 两地法院不能同时行使管辖权

- 《关于内地与澳门特别行政区相互认可和执行仲裁裁决的安排》
  - 适用范围
  - 对象：内地、澳门
  - 管辖法院：内地、澳门
  - 两地法院同时有管辖权

- 《关于内地与澳门特别行政区就仲裁程序相互协助保全的安排》
  - 适用范围
  - 管辖法院：内地、澳门
  - 程序、费用：依被请求方法律

- 涉台判决与涉台仲裁裁决的认可与执行
  - 判决、仲裁裁决
  - 对象、一事不再理、平行管辖、裁定不予认可或驳回申请的救济
  - 两者相同点

第37讲 区际文书送达与区际调取证据

考点 61 ▶ 域外文书送达与区际文书送达的异同

112. 根据最高人民法院《关于涉台民事诉讼文书送达的若干规定》，人民法院按照两岸认可的途径代为送达台湾地区法院的民事诉讼文书，处理办法不当的是：（　　）

  A. 在收到台湾地区有关法院的委托函后，经审查符合条件的，应在收到委托函之日起 2 个月内完成送达

  B. 民事诉讼文书中确定的出庭日期或其他期限逾期的，受委托的人民法院可不予送达

  C. 人民法院代为送达台湾地区法院的民事诉讼文书应当有后者的委托函

  D. 人民法院按照委托函中的受送达人姓名或者名称、地址不能送达的，应当附函写明情况，将未完成送达的委托材料依原途径退回

考点 62 ▶ 区际文书委托送达的细节区别与区际调取证据

113. 上海市第一中级人民法院在审理一起涉港澳合同纠纷案件时，需向澳门送达一份开庭通知书。根据最高人民法院《关于内地与澳门特别行政区法院就民商事案件相互委托送达司法文书和调取证据的安排》的规定，下列说法正确的有：（　　）

  A. 该中级人民法院可以直接向澳门终审法院送达

  B. 如果该文书确定的出庭日期已过，澳门法院仍应送达

  C. 该文书的送达可以通过上海市高级人民法院委托澳门终审法院进行

  D. 受托方对该文书的内容和后果不负法律责任

114. 南京市中级人民法院受理一涉港中介合同纠纷案件，案件审理过程中，原告强峰公司需要申请法院调取香港的有关证据。根据 2017 年 3 月 1 日生效的《关于内地与香港特别行政区法院就民商事案件相互委托提取证据的安排》的规定，下列说法不正确的是：（　　）

  A. 南京市中级人民法院可以直接将委托书递交香港高等法院

B. 香港高等法院为香港特区的联络机关
C. 香港特区的联络机关应当自委托书发出之日起6个月内完成受托事项
D. 香港特区的联络机关因执行受托事项而产生的翻译费,由受托方承担

第38讲 区际判决和区际仲裁裁决的认可与执行

考点 63 ▶ 区际判决和区际仲裁裁决的认可与执行

115. 最高人民法院与香港特别行政区政府经协商,于2019年1月18日签署了《关于内地与香港特别行政区法院相互认可和执行民商事案件判决的安排》(尚未生效)。根据该安排的相关规定,下列哪些判断是不正确的?(   )

A. 该安排仅适用于内地人民法院或香港特别行政区法院在具有书面管辖协议的民商事案件中,作出的须支付款项的、具有执行力的终审判决的认可和执行

B. 申请认可和执行符合该安排规定的民商事判决,在内地向被申请人住所地、经常居住地或者财产所在地的中级人民法院提出,在香港特别行政区向香港特别行政区高等法院提出

C. 被申请人的住所地、财产所在地,既在内地又在香港特别行政区的,申请人不能同时向两地法院提出认可和执行的申请

D. 申请人申请认可和执行的期间为判决生效后1年

116. 根据最高人民法院《关于内地与香港特别行政区法院相互认可和执行婚姻家庭民事案件判决的安排》的规定,下列哪些说法是错误的?(   )

A. 该安排仅适用于内地人民法院或香港特别行政区法院在具有书面管辖协议的婚姻家庭民事案件中作出需要执行的终审判决的认可和执行

B. 被请求方法院必须对判决的全部判项予以认可和执行

C. 申请人向内地和香港法院提交的文件没有中文文本的,均应提交证明无误的中文译本

D. 当事人对认可和执行与否的裁定不服的,在内地可以向上一级法院申请复议,在香港可依其法律规定提出上诉

117. 一涉澳的合同争议在中国内地仲裁。败诉方在内地和澳门均有营业机构。双方发生争议后，仲裁庭裁决败诉方应对胜诉方进行赔偿。败诉方未在规定的期限内履行仲裁裁决。关于胜诉方对此采取的做法，下列哪些选项是正确的？（   ）

   A. 向内地有管辖权的中级人民法院申请执行该仲裁裁决
   B. 向澳门特别行政区中级法院申请认可该仲裁裁决
   C. 分别向内地有管辖权的中级人民法院和澳门特别行政区中级法院申请认可与执行仲裁裁决
   D. 只能向一地法院申请认可与执行

118. 设立在北京地区的华泰公司委托其驻港分公司，向位于香港的力达医疗公司购买了一批医疗设备，力达医疗公司交货后没有收到华泰公司的货款。根据双方合同中的仲裁条款，香港力达医疗公司申请北京市仲裁委员会进行了仲裁。仲裁裁决作出后，华泰公司仍不履行其付款义务。根据《关于内地与香港特别行政区相互执行仲裁裁决的安排》（已被修改）、2020年《关于内地与香港特别行政区相互执行仲裁裁决的补充安排》及其他相关法律法规的规定，下列说法正确的有：（   ）

   A. 力达医疗公司可以申请北京市中级人民法院执行该仲裁裁决
   B. 力达医疗公司发现华泰公司驻港分公司在香港有可执行的财产的，可以申请香港高等法院认可并执行该仲裁裁决
   C. 力达医疗公司可以就该仲裁裁决同时申请北京市中级人民法院和香港高等法院执行
   D. 只有一地法院的执行不足以偿还其债务时，力达医疗公司才可就不足部分向另一地法院申请执行

考点 64 ▶ 涉台判决与涉台仲裁裁决的认可和执行

119. 佟子生与乔菲在台北因合同纠纷涉诉，被告乔菲败诉。现佟子生向乔菲财产所在地的大陆某中级人民法院申请认可该台湾地区的民事判决。关于该判决的认可，下列哪些选项是正确的？（   ）

   A. 人民法院受理佟子生的申请后，应当在6个月内审结
   B. 受理佟子生的认可申请后，作出裁定前，佟子生要求撤回申请的，人民法

院应当允许

C. 如人民法院裁定不予认可该判决，佟子生可以在裁定作出 1 年后再次提出申请

D. 人民法院受理申请后，如对该判决是否生效不能确定，应告知佟子生提交作出判决的法院出具的证明文件

答案及解析

112. [答案] B

[解析] 最高人民法院《关于涉台民事诉讼文书送达的若干规定》第 9 条规定："人民法院按照两岸认可的有关途径代为送达台湾地区法院的民事诉讼文书的，应当有台湾地区有关法院的委托函。人民法院收到台湾地区有关法院的委托函后，经审查符合条件的，应当在收到委托函之日起 2 个月内完成送达。民事诉讼文书中确定的出庭日期或者其他期限逾期的，受委托的人民法院亦应予送达。"因此，AC 不当选，B 当选。

该规定第 10 条规定："人民法院按照委托函中的受送达人姓名或者名称、地址不能送达的，应当附函写明情况，将委托送达的民事诉讼文书退回。完成送达的送达回证以及未完成送达的委托材料，可以按照原途径退回。"因此，D 不当选。

综上，本题 B 当选。

[解题要领] 熟悉最高人民法院《关于涉台民事诉讼文书送达的若干规定》的有关内容。

113. [答案] BCD

[解析] 内地中院无权直接向澳门送达，而应通过高院向澳门送达（除非该中院是最高院授权的中院）。因此，A 错误，C 正确。

期限已过不能成为拒绝送达的理由。因此，B 正确。

该安排第 14 条规定："受委托方法院对委托方法院委托送达的司法文书和所附相关文件的内容和后果不负法律责任。"因此，D 正确。

综上，本题 BCD 当选。

[解题要领]

熟悉最高人民法院《关于内地与澳门特别行政区法院就民商事案件相互委托送达司法文书和调取证据的安排》的有关内容。

114. [答案] ABCD

[解析] 内地联络机关为各高级人民法院，香港联络机关为香港特别行政区政府行政署。因此，AB错误。

香港特区的联络机关应当自收到委托书之日起6个月内完成受托事项。因此，C错误。

香港特区的联络机关因执行受托事项而产生的翻译费、专家费、鉴定费等非一般性开支，由委托方承担。因此，D错误。

综上，本题ABCD当选。

[解题要领]

最高人民法院《关于内地与香港特别行政区法院就民商事案件相互委托提取证据的安排》中的相关规定。

115. [答案] ABCD

[解析] 最高人民法院、香港特别行政区政府于2019年1月18日签署了《关于内地与香港特别行政区法院相互认可和执行民商事案件判决的安排》（尚未生效），该安排已经不仅限于依据书面管辖协议而产生的民商事判决。因此，A错误。

内地有管辖权的法院为申请人住所地、被申请人住所地、财产所在地中院。因此，B错误。

申请人可以同时向内地和香港特别行政区有管辖权的法院提出认可和执行的申请。因此，C错误。

申请人申请认可和执行的期间为判决生效或规定的履行期届满后2年。因此，D错误。

综上，本题ABCD当选。

[解题要领]

熟悉2019年1月18日签署的最高人民法院、香港特别行政区政府《关于内地与香港特别行政区法院相互认可和执行民商事案件判决的安排》的有关内容。

116. 答案 ABC

解析 该安排并不要求相互承认和执行的判决以"书面管辖协议"为前提。因此，A 错误。

被请求方法院不能对判决的全部判项予以认可和执行时，可以认可和执行其中的部分判项。因此，B 错误。

向内地法院提交文件时要求必须有中文译本，而向香港特别行政区法院提交时并无此要求。因此，C 错误。

当事人对认可和执行与否的裁定不服的，在内地可以向上一级法院申请复议，在香港可依其法律规定提出上诉。因此，D 正确。

综上，本题 ABC 当选。

解题要领

熟悉最高人民法院《关于内地与香港特别行政区法院相互认可和执行婚姻家庭民事案件判决的安排》中的相关规定。

117. 答案 ABC

解析 在内地或者澳门特别行政区作出的仲裁裁决，一方当事人不履行的，另一方当事人可以向被申请人住所地、经常居住地或者财产所在地的有关法院申请认可和执行。

内地有权受理认可和执行仲裁裁决申请的法院为中级人民法院。澳门特别行政区有权受理认可仲裁裁决申请的法院为中级法院，有权执行的法院为初级法院。被申请人的住所地、经常居住地或者财产所在地分别在内地和澳门特别行政区的，申请人可以向一地法院提出认可和执行申请，也可以分别向两地法院提出申请。因此，D 错误，ABC 正确。

综上，本题 ABC 当选。

解题要领

熟悉最高人民法院《关于内地与澳门特别行政区相互认可和执行仲裁裁决的安排》的有关内容。

118. 答案 ABC

解析 最高人民法院《关于适用〈中华人民共和国仲裁法〉若干问题的解释》第 29 条规定："当事人申请执行仲裁裁决案件，由被执行人住所地或者被执行的财产所在地的中级人民法院管辖。"因此，A 正确。

根据最高人民法院《关于内地与香港特别行政区相互执行仲裁裁决的安排》（已被修改）的规定，B正确。

2020年最高人民法院《关于内地与香港特别行政区相互执行仲裁裁决的补充安排》规定，将2000年最高人民法院《关于内地与香港特别行政区相互执行仲裁裁决的安排》中的"不得同时分别向两地法院申请"改为"可以分别向两地法院申请"。因此，C正确，D错误。

综上，本题ABC当选。

【解题要领】熟悉最高人民法院《关于内地与香港特别行政区相互执行仲裁裁决的安排》及其补充安排的有关内容。

119. 【答案】AD

【解析】本题考查涉台判决的认可与执行。

本题涉及自2015年7月1日起施行的最高人民法院《关于认可和执行台湾地区法院民事判决的规定》。

该规定第14条第1款规定："人民法院受理认可台湾地区法院民事判决的申请后，应当在立案之日起6个月内审结。"因此，A正确。

该规定第13条规定："人民法院受理认可台湾地区法院民事判决的申请后，作出裁定前，申请人请求撤回申请的，可以裁定准许。"而本题B为"应当"。因此，B错误。

该规定第19条规定："对人民法院裁定不予认可的台湾地区法院民事判决，申请人再次提出申请的，人民法院不予受理，但申请人可以就同一争议向人民法院起诉。"因此，C错误。

该规定第9条第1款规定："申请人申请认可台湾地区法院民事判决，应当提供相关证明文件，以证明该判决真实并且已经生效。"因此，D正确。

综上，本题AD当选。

【解题要领】自2015年7月1日起施行的最高人民法院《关于认可和执行台湾地区法院民事判决的规定》。

专题 13 　国际贸易私法

```
国际贸易私法（买卖）
├── 国际贸易术语
│   ├── 2010年《通则》11个术语
│   │   ├── 卖方责任轻——重：EXW、FCA、FAS、FOB、CFR、CIF、CPT、CIP、DAP、DAT、DDP
│   │   ├── 掌握角度：交货地点、风险转移、运输、保险、出口手续、进口手续
│   │   └── 重点掌握
│   │       ├── 新增（DAP和DAT）
│   │       └── 常用（FOB、CIF、CFR）：缩略语后港口名、价格构成、运输、投保；共同点
│   └── 2020年《通则》对2010年《通则》的修改
│
├── 1980年《联合国国际货物销售合同公约》
│   ├── 适用公约——营业地标准；国际合同：通过冲突规范导致缔约国法律的适用（可以保留）
│   ├── 不适用公约——个人消费品、拍卖、依法令或其他令状进行的销售、有价证券、货币、船舶、飞机、气垫船、电力等
│   ├── 公约排除的合同——公约排除的大部分是提供服务的合同的适用
│   ├── 公约未涉及的问题——①合同效力；②所有权转移；③卖方对货物引起的人身损害责任
│   └── 公约适用的任意性
│       ├── 中国加入公约的保留
│       └── 冲突规范导致公约扩大适用的保留
│
├── 国际货物买卖合同下买卖双方的特殊义务
│   ├── 卖方义务：①权利担保；②知识产权担保
│   │   ├── 第三方不能依据买方营业地或合同预期的货物销售或使用地的知识产权法主张任何权利或要求
│   │   └── 知识产权担保义务的免除：①买方知情；②买方要求
│   └── 买方义务：接收货物
│       ├── 采取一切应采取的行动以便卖方交货
│       └── 提取货物（否则承担扩大的损失）
│
├── 国际货物买卖的风险转移
│   └── 风险移转的时间
│       ├── 合同中订有运输条款（卖方安排运输）——约定优先；无约定，货交承运人时转移
│       ├── 在运输途中的销售——合同成立时风险移转
│       └── 其他情况下（买方安排运输）——买方接收货物时或货物交由买方处置时
│
└── 违约救济
    ├── 卖方违约——违约类型：①不交、少交、迟交；②不合格；③根本违约；④卖方在宽限期内没有交货或声明不交货
    └── 买方违约——违约类型：①不付款、不收货；②根本违约；③买方不在宽限期内履行义务或声明其将不履行
```

国际贸易私法（运输）

- **提单的性质及分类**
  - 性质
    - 运输合同的证明
    - 承运人接收货物的收据
    - 承运人交付货物的物权凭证
  - 分类
    - ①已装船提单；②收货待运提单
    - ①记名提单（不可转让）；②不记名提单；③指示提单
    - ①清洁提单；②不清洁提单

- **无单放货**
  - 承运人应承担无单放货的责任
    - 侵权违约竞合，无正本取货人承担连带责任
  - 赔偿责任的范围
    - 赔偿额：装船时的价值 + 运费 + 保险费（CIF价）
    - 不适用《海商法》有关限制赔偿责任的规定
  - 承运人不承担责任的情况
    - ①承运人依法将货物交海关
    - ②被海关变卖或被法院拍卖
    - ③记名提单托运人要求无单放货
    - ④已凭正本提单放货
  - 其他：承运人无单放货的诉讼时效为1年，适用海商法

- **提单之重要国际公约及中国《海商法》**
  - 《海牙规则》
    - 免责：航行过失 + 无过失免责
    - 责任基础：不完全的过失责任
    - 期间：装到卸
    - 诉讼时效：1年（自交货之日起）
  - 《维斯比规则》
    - 免责：航行过失 + 无过失免责
    - 责任基础：不完全的过失责任
    - 期间：装到卸
    - 诉讼时效：1年，可协商延长，对第三者的追偿诉讼还有3个月的宽限期
  - 《汉堡规则》
    - 免责：无过失免责
    - 责任基础：完全的过失责任
    - 期间：接到交
    - 迟延责任：有，责任限额为迟交货物应付运费的2.5倍，但不应超过总运费
    - 保函：承认善意保函在托运人和承运人间为有效
    - 诉讼时效：2年
  - 《海商法》
    - 免责：航行过失 + 无过失免责
    - 责任基础：不完全的过失责任
    - 期间：集装箱，接到交；非集装箱，装到卸
    - 保函：无规定，实践参照汉堡规则
    - 诉讼时效：1年

国际贸易私法（保险与支付）

保险

确立险别的两个依据

风险
- 海上风险
  - ①自然灾害（自然力量、不可避免）
  - ②意外事故（恪尽注意可以避免）
- 外来风险
  - ①一般外来风险
  - ②特别外来风险（政治、行政因素）
  - ③特殊外来风险（战争、罢工）

损失
- 全部损失：①实际全损；②推定全损
- 部分损失：①共同海损；②单独海损

共同海损

后果
- ①运输法下：损失由受益人分担
- ②保险法下：所有险别都赔偿共同海损的牺牲、费用和分摊

险别

基本险别
- 平安险：承保海上风险造成的全部和部分损失，但是单纯由于自然灾害造成的单独海损不赔
- 水渍险：承保海上风险造成的全部和部分损失
- 一切险：水渍险＋11种一般附加险

附加险别
- 一般附加险：11种
- 特别附加险：6种
- 特殊附加险：战争险和罢工险

支付

托收

- 依据：国际商会《托收统一规则》（URC522）——商业惯例
- 性质：商业信用
- 跟单托收的种类：付款交单和承兑交单
- 银行免责：银行对单据、货物、票据追索免责

银行信用证

- 依据：国际商会《跟单信用证统一惯例》（UCP600）
- 性质：银行信用

银行责任：单证一致、单单一致条件下付款

银行免责：
- ①只审单据表面，不审实质
- ②传递延误或遗失免责
- ③不可抗力免责
- ④不受买卖合同的约束和影响

信用证欺诈：银行付款或承兑前，有确凿证据，买方可请求法院向银行颁发止付令

《关于审理信用证纠纷案件若干问题的规定》（2020年修正）
- 止付要求：
  - ①在银行未付款或承兑前
  - ②有确凿证据
  - ③有充分担保
  - ④向有管辖权法院提出申请，才可发止付令
- 时间限制：48小时内作出裁定

UCP600对UCP500的修改：
- ①取消可撤销信用证
- ②自翌日起5个工作日的审单期
- ③银行可以联系开证申请人，当其放弃不符点时，银行可以释放单据
- ④关于转让信用证，明确了第二受益人的交单必须经过转让行

第39讲 国际货物买卖法律制度之国际贸易术语

考 点 65 ▶ 2010 年《国际贸易术语解释通则》11 个术语的基本情况

120. 根据 2010 年《国际贸易术语解释通则》（Incoterms® 2010）的规定，下列有关贸易术语的说法，正确的是：（　　）

A. 在"CIF 上海"这一术语安排之下，卖方有义务签订运输合同并投保，在装船后及时向买方发出装船的通知，卖方履行交货义务的地点是在上海

B. 在 FCA 术语下，货物的风险在货交第一承运人时转移，该术语适合于各种运输方式

C. DAT 贸易术语适合于各种运输方式

D. 一般情况下，在所有的术语中，选择 FOB 术语卖方承担的义务最少，选择 DDP 术语卖方承担的义务最多

121. 关于 2010 年《国际贸易术语解释通则》，下列哪些说法是正确的？（　　）

A. 在"链式销售"中，中间环节的卖方应当承担装运货物的义务

B. 术语分为适用于任何运输方式的和适用于水上运输方式的两大类

C. 在 DAT 术语下，卖方承担将货物从运输工具上卸下并交由买方处置的义务

D. FOB 术语只强调卖方承担货物装上船为止的一切风险

考 点 66 ▶ 2020 年《国际贸易术语解释通则》对 2010 年《国际贸易术语解释通则》的主要修改

122. 国际商会 2020 年《国际贸易术语解释通则》于 2020 年 1 月 1 日起生效。关于 2020 年《国际贸易术语解释通则》，下列说法不正确的是：（　　）

A. 自 2020 年 1 月 1 日起，2010 年《国际贸易术语解释通则》失效

B. CIP 术语下，买卖双方无约定卖方应投保"平安险"

C. CIF 术语下，买卖双方无约定卖方应投保"平安险"

D. DAT 贸易术语改为 DPU，强调了目的地为"运输终端"

考 点 67 ▶ FOB、CIF、CFR 的异同

123. 中国强峰公司与美国 Megan Tool 公司签订了有关柠檬酸的国际货物买卖合

同，约定贸易术语为"FOB 纽约"。依 2020 年《国际贸易术语解释通则》的规定，下列说法正确的是：（　　）

　　A. 货物应运至纽约港

　　B. 在风险转移上，强峰公司承担装运港船上完成交货前货物灭失或损坏的一切风险

　　C. 强峰公司租船或订舱后应当将船名、装货地点和时间给予美国 Megan Tool 公司充分通知

　　D. 由强峰公司负责安排运输和办理保险

第40讲　国际货物买卖法律制度之1980年《联合国国际货物销售合同公约》

考点 68 ▶ 1980 年《联合国国际货物销售合同公约》

124. 甲公司向乙公司发出要约，愿意以 200 万元价格卖掉其大型设备，该要约于 2020 年 6 月 6 日发出，于 2020 年 6 月 15 日到达乙公司。期间，乙公司风闻甲公司欲处理其大型设备，于 2020 年 6 月 14 日向甲公司发出要约表示愿意购进。根据《联合国国际货物销售合同公约》的规定，下列说法正确的是：（　　）

　　A. 乙公司的行为构成承诺

　　B. 甲、乙公司之间的合同关系成立

　　C. 乙公司的行为构成反要约

　　D. 甲、乙公司之间的合同关系不能成立

125. 中国甲公司作为卖方与德国乙公司订立了出售一批红木家具的合同。已知中国和德国均为《联合国国际货物销售合同公约》的缔约国，但双方在买卖合同中未约定交货地点，根据《联合国国际货物销售合同公约》的规定，关于中国甲公司的交货地点，下列表述正确的是：（　　）

　　A. 由于没有约定交货地点，则卖方有权自由选择在何处交货

　　B. 如果该买卖合同涉及货物的运输，卖方应把货物移交给第一承运人，以运交给买方

　　C. 如果该买卖合同并未涉及货物的运输，且合同约定卖方应当交付买方在卖

方某一特定仓库检查并认可过的一批红木家具，则卖方应在该特定仓库地点把货物交给买方处置

D. 只要没有约定交货地点，卖方就应当在其生产该批货物的工厂交货

126. 根据《联合国国际货物销售合同公约》的规定，下列说法正确的是：（ ）

A. 如果买方已收到货物，但打算行使合同或本公约规定的任何权利，把货物退回，他必须按情况采取合理措施，以保全货物

B. 如果货物易于迅速变坏，或者货物的保全牵涉到不合理的费用，则有义务保全货物的一方当事人，必须采取合理措施，把货物出售。在可能的范围内，他必须把出售货物的打算通知另一方当事人

C. 如果买方推迟收取货物，或在支付货款和交付货物应同时履行时，买方没有支付货款，而卖方仍拥有这些货物或仍能控制这些货物的处置权，则卖方必须按情况采取合理措施，以保全货物

D. 在不可撤销的要约的有效期内，如果受要约人在承诺中对要约中的货物质量或者争端解决的方式要求作了改变，则属于非实质性变更

127. 关于《联合国国际货物销售合同公约》，下列说法正确的有哪些？（ ）

A. 该公约只适用于营业地位于不同缔约国的当事人之间订立的货物销售合同

B. 不适用于船舶、气垫船或飞机的销售

C. 公约不适用所有权和风险转移问题

D. 公约不涉及货物引起的人身伤亡责任

128. 中国A公司（卖方）与马来西亚B公司（买方）订立了一份出口精密仪器的合同（该买卖合同适用1980年《联合国国际货物销售合同公约》）。合同规定：买方应在仪器制造过程中按进度付款。合同订立后，B公司即获悉卖方A公司供应的仪器质量不稳定，于是立即通知A公司：据悉你公司供货质量不稳定，故我方暂时中止履行合同。卖方A公司收到通知后，立即向B公司提供书面保证：如不能履行义务，将由银行偿还买方按合同规定所作出的一切支付。A公司同时向B公司出具了一份银行保函。但B公司收到此保证和银行保函后仍然坚持中止履行合同。下列哪些选项是不正确的？（ ）

A. 双方的合同在B公司向A公司发出通知时即无效

B. B公司的行为妥当，不构成违约

C. A 公司的履约能力存在缺陷，但其提供了充分的保证后，B 公司应继续履行义务

D. 鉴于 A 公司的履约能力的缺陷，B 公司可以宣告解除合同

129. 2020 年中国甲公司与荷兰乙公司订立了一份买卖郁金香花茎的合同，合同约定分三批履行，第一批很顺利，但是第二批却出现了质量问题。依据 1980 年《联合国国际货物销售合同公约》的规定，甲公司的下列行为中哪些是成立的？（　　）

A. 只要第二批货物的质量问题构成根本违约，甲公司即可宣告合同对该批货物无效

B. 只要第二批货物的质量问题构成根本违约，甲公司即可宣告合同对已交付或今后交付的各批货物无效

C. 如果第二批货物的质量问题构成一般违约，甲公司可宣告合同对该批货物无效

D. 如第二批货物的质量问题构成根本违约，并且甲公司有充分理由断定第三批货物的质量问题也将发生根本违约，则甲公司可以解除合同对第二、第三批货物的效力

考点 69 ▶ 国际货物买卖合同下买卖双方的特殊义务

130. 2020 年 6 月，中国甲公司出口一批机床给美国乙公司，后美国乙公司将该批机床转售 A 国丁公司。2021 年 1 月，A 国丙企业控告丁公司进口该批货物侵犯其在 A 国的专利权，丁公司找到乙公司，而乙公司要求甲公司负责。甲公司认为自己有正当理由，不应负责任，其下列理由不正确的是：（　　）

A. 自己根本不知道货物的最终转卖地为 A 国

B. 不知道该机床是侵犯他人知识产权的

C. 制作的机床是按照乙公司提供的图纸制作的

D. 乙公司事先已经知道该批货物在 A 国会发生知识产权的纠纷

考点 70 ▶ 国际货物买卖的风险转移

131. 中国强峰公司（买方）与美国 Megan Tool 公司（卖方）签订了购买无色结晶或结晶性粉末状柠檬酸的合同，CIF 价格条件。货物运输途中，中国

强峰公司将货物转卖给香港鼎丰公司。货物抵达目的地后发现集装箱完好无损，但货物存在结块现象，由于鼎丰公司的坚持，中国强峰公司不得不安排重磨和重新包装。依 2020 年《国际贸易术语解释通则》和《联合国国际货物销售合同公约》的规定，下列选项错误的有：（　　）

A. 在中国强峰公司和美国 Megan Tool 公司之间，货物风险在装运港完成交货时转移，所以强峰公司不能向 Megan Tool 公司索赔

B. 在强峰公司与鼎丰公司之间，货物风险原则上在鼎丰公司收到货物时转移

C. 对存在结块现象的货物，强峰公司可以要求减少价金，但不能要求损害赔偿

D. Megan Tool 公司只有义务投保平安险

第41讲　国际海上货物运输法律制度之提单法律基础知识

考点 71　国际海上货物运输法律制度之提单的性质及分类

132. 中国北海粮油公司与巴基斯坦某公司签订了向中国出口 12 000 吨（240 000 包）白糖的合同，价格条件为 CFR，每吨单价为 437 美元，由中方向中国人民保险公司北海分公司投保了水渍险。该批货物由巴拿马籍某货轮承运。在巴基斯坦某港装货的过程中，船长先后向托运人发出书面声明和抗议，指出货物堆放于码头无任何遮盖物并发生了雨水的污染，宣布货物为不清洁。而托运人为了结汇出具了保函，以要求承运人签发清洁提单。船长在接受了保函的情况下签发了清洁提单。货轮于 5 月 23 日抵达北海港，经北海外轮理货公司理货，发现了 578 包有雨水污染，并确认货物短少 608 包。对于本案，下列选项正确的是：（　　）

A. 收货人应向承运人索赔，因为其签发了清洁提单

B. 对于货物的短少，收货人应向保险公司索赔

C. 承运人可以依保函要求收货人向托运人索赔

D. 收货人应向保险人索赔，因为该批货物已投保了水渍险

考点 72　无单放货——《关于审理无正本提单交付货物案件适用法律若干问题的规定》

133. 香港鼎丰公司通过海运向深圳强峰公司供应一批棉花，付款方式为信用

证,承运人为广东诚信船务公司。强峰公司又和广东诚信纺织公司签订了棉花加工合同。后强峰公司因单证和信用证规定不符而拒付货款,将全套议付单证退还香港鼎丰公司。鼎丰公司持正本提单到目的港提货时,发现货物已由诚信纺织公司以副本提单加保函提取。鼎丰公司认为强峰公司、诚信船务公司和诚信纺织公司的行为构成了对其提单货物所有权的侵犯,请求法院判令强峰公司、诚信船务公司向其交付提单项下棉花或赔偿全部货款及利息损失,诚信纺织公司负连带责任。根据我国相关法律规定,关于本案,下列说法不正确的有:(   )

A. 货物是由诚信纺织公司提走的,故鼎丰公司不能向诚信船务公司索赔
B. 诚信船务公司可限制因无正本提单交货的赔偿责任
C. 诚信船务公司应以货物成本加利润赔偿因无正本提单交货造成的损失
D. 鼎丰公司可以要求诚信船务公司承担违约责任或侵权责任

第42讲 国际海上货物运输法律制度之提单重要国际公约及中国《海商法》

考点 73 ▶ 国际海上货物运输法律制度之提单重要国际公约及中国《海商法》

134. 甲国 A 公司向乙国 B 公司出口一批水果,货到目的港后发现水果大部分腐烂,B 公司聘请专业检验机构对腐烂原因进行检查。根据《海牙规则》的规定,货损是下列哪些原因所导致,承运人可以免责?(   )

A. 货舱湿度未达到运输合同要求标准
B. 船在航行途中遭遇恶劣天气
C. 船在进入乙国目的港口前接受海关的消毒熏蒸导致货舱温度过高
D. 货物在装船前包装不当

135. 下列有关《海牙规则》《维斯比规则》《汉堡规则》及我国《海商法》的表述,哪些选项是错误的?(   )

A. 甲国 A 公司向乙国 B 公司出口一批水果,货到目的港后发现水果大部分腐烂,B 公司聘请专业检验机构对腐烂原因进行检查。根据《海牙规则》,货损是因为货舱湿度未达到运输合同要求标准所导致,承运人可以免责

B. 《汉堡规则》首次对"实际承运人"作了规定，根据其规定，如果货物在运输过程中受到损害，收货人可以向"订约承运人"索赔，如果有证据表明订约承运人和实际承运人都有过失，则可以要求二者承担连带责任

C. 《海牙规则》《维斯比规则》都规定善意保函有效，但不能对抗第三人，而恶意保函则绝对无效

D. 在承运人的责任方面，《海牙规则》《维斯比规则》采用"不完全过失责任制"，即承运人对于航行的过失引起的货损可以免责，而《汉堡规则》及我国《海商法》采用"完全过失责任制"

136. 美国 A 公司（卖方）与荷兰 B 公司（买方）订立了一货物买卖合同。B 公司申请开出的不可撤销信用证规定装船时间为 2020 年 5 月 10 日前，而 A 公司由于货源上的原因，最早要到 2020 年 5 月 20 日才能将这批货物装船付运。货物装船后，承运人签发了提单，货物到港后，B 公司持副本提单加保函向承运人提取了货物。后因为买方进口手续的问题，货物被海关扣留，B 公司没有向银行结汇，于是全套正本提单被退给了 A 公司，A 公司向承运人提起诉讼。下列哪一选项是正确的？（　　）

A. A 公司可以通过提供保函要求承运人倒签提单以符合信用证规定

B. A 公司可以通过提供保函要求承运人预借提单以符合信用证规定

C. A 公司在征得 B 公司同意后，可以由 B 公司请求开证行修改信用证

D. 因承运人已经交货，可以此来抗辩卖方的索赔

137. 美国甲公司与我国乙公司签订进出口买卖合同，购买西湖龙井茶 1000 箱，合同约定付款方式为即期不可撤销信用证，3 月 15 日前装船。由于卖方按期装船发生困难，直至 3 月 25 日才装船完毕。为了在银行顺利交单议付，卖方向承运人出具保函换取了装船日为 3 月 13 日的提单。依据《汉堡规则》的规定，下列说法正确的是：（　　）

A. 所签发的提单为倒签提单，仅在承托双方有效

B. 所签发的提单为预借提单，仅在承托双方有效

C. 所签发的提单为清洁提单，对收货人有效

D. 所签发的提单，对承运人、托运人和收货人都无效

第43讲　国际货物运输保险法律制度之确立险别的两个依据

考点 74 ▶ 国际货物运输保险法律制度之确立险别的两个依据

138. 营业地在中国的买方与营业地在古巴的卖方签订了一份一级食糖买卖合同，选择的贸易术语为FOB。古巴卖方按照合同的规定于2020年5月完成装运并发货。中国买方在目的港接收货物时，发现食糖的质量实际上仅为二级，低于合同所规定的要求。关于本案，下列说法不正确的是：（　　）

A. 货物在装运港装上船之后的风险由买方承担，故卖方不承担责任
B. 买方应先从承运人处接收货物
C. 买方可以要求卖方减价
D. 只有在食糖与合同不符构成根本违反合同时，买方才可以要求卖方交付替代物

考点 75 ▶ 国际货物运输保险法律制度之共同海损

139. 下列关于共同海损和单独海损的描述，错误的是：（　　）

A. 共同海损和单独海损都是部分损失
B. 共同海损所涉及的海上危险应该是共同的；单独海损中的危险只涉及船舶或货物中一方的利益
C. 共同海损由船长、船员共同承担，而单独海损由船公司或者货主自己承担
D. 共同海损的损失应由受益各方来分摊，单独海损损失由单方承担

第44讲　国际货物运输保险法律制度之险别

考点 76 ▶ 国际货物运输保险法律制度之险别

140. 中国浙江某茶叶公司与芬兰乙公司订立了从中国出口茶叶的合同，并准备通过海运运往芬兰。为了防止茶叶串味，下列投保安排正确的是：（　　）

A. 可以单独投保串味异味险

B. 可以投保水渍险，附加串味异味险
C. 可以投保一切险
D. 可以投保平安险

141. 中国星通公司与德国鲍勃航天科技公司签订一批通讯设备的买卖合同，约定单价每件 30 欧元/FOB（汉堡）。中国星通公司为该批货物的运输向中国人民保险公司投保了平安险。对于航行途中发生的下列哪项损失，保险公司应承担赔偿责任？（　　）
    A. 在运输途中货轮与另一艘船舶相撞造成部分货物碎裂损失
    B. 由于运输延迟造成的货物损失
    C. 货到目的地清点货物时发现存在不明原因的短量
    D. 在运输途中遭遇强热带风暴造成货物部分湿损

142. 中国某公司以 CIF 价格向德国某公司出口一批农副产品，向中国人民保险公司投保了一切险，并规定以信用证方式支付。中国公司在装船并取得提单后，办理了议付。第二天，中国公司接到德国公司来电，称装货的海轮在海上因雷击失火，该批农副产品全部烧毁，要求中国公司向中国人民保险公司提出索赔，否则要求中国公司退还全部货款。下列哪项是正确的？（　　）
    A. 中国公司应向保险公司提出索赔
    B. 德国公司应向中国公司提出索赔
    C. 德国公司应向承运人提出索赔
    D. 德国公司应向保险公司提出索赔

第45讲　国际贸易支付法律制度之托收法律关系

考点 77 ▶ 国际贸易支付法律制度之托收法律关系

143. 根据《托收统一规则》的规定，下列说法中正确的是：（　　）
    A. 付款交单（D/P）和承兑交单（D/A）相比，付款交单对卖方来说风险更大
    B. 托收行应当以善意和合理的谨慎态度办理托收业务，并且核实所收到的单

据与托收指示是否在实质上一致

C. 代收行与卖方是委托关系，因此对于跟单托收项下的货物，如买方拒绝付款赎单，则代收行有义务采取必要措施对货物予以保全

D. 如果遭到拒付，代收行应当及时把拒付情况通知托收行，但是没有义务制作拒绝证明

第46讲 国际贸易支付法律制度之银行信用证

考点 78 ▶ 国际贸易支付法律制度之银行信用证

144. 载有"软条款"的信用证是对受益人危害极大的信用证。下列哪些规定应被视为信用证的"软条款"？（　　）

　　A. 本信用证付款以货物经开证申请人或其授权人检验合格并签发检验证书为条件

　　B. 本信用证的生效以开证行的另行通知为条件

　　C. 信用证项下的货款要在货物清关后才支付

　　D. 受益人在议付时应提交开证申请人或其授权代表签署的货运收据，该签名应与开证行所保留的签名样本相符

145. 国际经济法中调整信用证的主要是国际商会在1930年制定的《跟单信用证统一惯例》，该惯例经过7次修订，目前使用的是2007年7月1日实施的修订本《跟单信用证统一惯例》（以下简称"UCP600"）的规定。关于信用证支付方式，根据UCP600的规定，下列哪一选项是正确的？（　　）

　　A. 按UCP600的规定，信用证中如果没有注明是不可撤销的，则一律为可撤销的信用证

　　B. 银行必须合理审慎地审核单证是否实质相符

　　C. 当开证行确定交单不符时，可以自行决定联系申请人放弃不符点。如果收到开证申请人放弃不符点的通知，则应当释放单据

　　D. 若信用证经保兑，保兑行的付款责任相当于其本身是开证行

146. 中国大昌公司（卖方）与俄罗斯尤科公司（买方）签订了一份国际货物

买卖合同，合同规定采用信用证方式付款。后大昌公司收到尤科公司开来的不可撤销信用证，由设在中国境内的甲银行通知并保兑。大昌公司在货物装运后，正准备将有关单据交银行议付时，接到保兑银行通知，由于开证银行已宣告破产，该行不承担对信用证的付款责任，但可接受中国大昌公司委托向尤科公司直接收取货款的业务。下列说法正确的是：（   ）

A. 大昌公司应当直接向保兑行交单并请求付款，因为保兑行对信用证进行保兑后，其承担的责任相当于本身开证，不论开证行发生什么变故，保兑行都不能单方面撤销其保兑

B. 大昌公司应直接向尤科公司收取货款，因为开证行已经破产，通过信用证的方式已不可能获得货款

C. 由于开证行已经破产，保兑行的保兑义务也已免除，因此大昌公司应当将有关单据直接寄交尤科公司，同时要求其采取汇付的支付方式付款

D. 由于开证行已经破产，保兑行的保兑义务也已免除，因此大昌公司只能委托保兑行向尤科公司直接收取货款

147. 挪威公司（卖方）与新西兰公司（买方）订立一货物买卖合同。新西兰公司申请开出的不可撤销信用证规定装船时间为2020年4月20日前，而挪威公司由于货源上的原因，最快要到2020年4月25日才能备齐货物并装船付运。下列选项错误的是：（   ）

A. 挪威公司作为受益人，可以直接请求开证行修改信用证

B. 挪威公司可以通过提供保函要求承运人倒签提单以换取和信用证相符的提单

C. 挪威公司在征得新西兰公司同意后，由新西兰公司请求开证行修改信用证

D. 挪威公司在征得新西兰公司同意后，可以不经过银行直接修改信用证

答案及解析

120. [答案] BC

[解析] CIF术语下，交货地点是在装运港船上，而CIF术语后面加的港口名是目的港，所以A中，卖方履行交货义务的地点应该是装运港船上，而

不是在目的港上海。因此，A错误。

在所有术语中，选择EXW术语的卖方的义务最少，选择DDP术语的卖方的义务最多。因此，D错误。

根据2010年《国际贸易术语解释通则》（以下简称"2010年《通则》"）的有关规定，BC正确。

综上，本题BC当选。

解题要领

（1）CIF贸易术语下由卖方安排运输，卖方买保险，交货地点是在装运港；

（2）FCA适用于各种运输方式，风险转移的时间是货交第一承运人；

（3）从EXW术语到DDP术语，卖方义务越来越大，买方义务越来越小。

121. **答案** BCD

解析 相对于制成品的销售，在大宗商品交易中货物往往在运输途中"顺链而下"地被多次转售，从而形成"链式交易"。发生此情形时，链式交易中间的卖方并不装运货物，因该货物已为链式交易中第一位卖方所装运。所以，链式交易中间位置的卖方不是以装运货物履行其对买方的交货义务，而代之以"取得"已装运的货物。因此，A错误。

2010年《通则》不再区分E、F、C、D四组术语，而是整体划分为适用于任何运输方式的术语和适用于水上运输方式的术语两大类。因此，B正确。

DAT术语下，卖方不仅要把货物运到目的地，还要负责把货物从运输工具上卸下。因此，C正确。

2010年《通则》中，FOB、CIF、CFR将风险转移的地点从装运港越过船舷改为装运港装上船。因此，D正确。

综上，本题BCD当选。

解题要领

（1）"链式销售"中，中间环节的卖方不承担装运货物的义务；

（2）2010年《通则》将所有的贸易术语分为"适用于各种运输方式的"和"只能适用于海上及内河运输方式的"两大类；

（3）2010年《通则》新增DAP和DAT两个D组术语；

(4) 2010年《通则》将三个常用的贸易术语"FOB、CFR、CIF"中风险转移的地点由"装运港越过船舷"改为"装运港装上船"。

122. [答案] ABD

[解析]《国际贸易术语解释通则》的各个版本均为生效状态，2010年《通则》不会因2020年《国际贸易术语解释通则》（以下简称"2020年《通则》"）的生效而失效。因此，A错误。

2020年《通则》中明确CIP无约定卖方应投保"一切险减除外责任"（最高险），CIF无约定卖方应投保"平安险"（最低险）。因此，B错误，C正确。

DAT改为DPU，且强调了目的地可以是任何地方，而不仅仅是"运输终端"，但卖方必须确保其打算交付货物的地点是能够卸货的地点。因此，D错误。

综上，本题ABD当选。

[解题要领]

2020年《通则》对2010年《通则》的主要修改。

123. [答案] C

[解析] FOB术语后加的地名为装运港。因此，A错误。

FOB术语风险转移的地点为装运港船上。因此，B错误。

FOB术语下，买方租船后要给予卖方及时通知，以便卖方及时交货。因此，C正确。

FOB术语下，由买方安排运输，但保险并非买方的强制性义务。因此，D错误。

综上，本题C当选。

[解题要领]

FOB贸易术语的考查角度。

124. [答案] D

[解析] 要约到达受要约人时生效，受要约人只能在得知要约内容后才能作出承诺。乙公司的商函是在要约生效之前发出的，只能视为"交叉要约"，而非反要约。故甲、乙公司的合同关系不能成立。因此，D正确。

综上，本题 D 当选。

解题要领

承诺必须是对要约条款的全盘接受，承诺生效之时即是合同成立之时。

125. [答案] BC

[解析] 关于交付货物的地点，双方当事人有约定的依约定；没有约定的，则适用《联合国国际货物销售合同公约》（以下简称《公约》）第31条的规定：①当国际货物买卖合同涉及货物的运输，则交货地点即为货交第一承运人的地点；②如果合同指的是特定货物从特定存货中提取的或还在生产中未经特定化，而双方当事人在订立合同时已知道这些货物的特定地点，则卖方应在该地点交货；③在其他情况下，卖方应在其订立合同时的营业地交货。

综上，本题 BC 当选。

解题要领

关于合同中的交货地点，合同有约定的，依据合同的约定；没有约定的（如果合同双方营业地在《公约》的不同缔约国），则适用《公约》的规定。

126. [答案] ABC

[解析]《公约》对于保全货物作了以下规定：①履行保全货物义务的条件：买卖双方都有保全货物的义务，但条件不同：a. 卖方保全货物的条件：买方没有支付货款或接收货物，而卖方仍拥有货物或控制着货物的处置权；b. 买方保全货物的条件：买方已接收了货物，但打算退货。②保全货物的方式：a. 将货物寄放于仓库：有义务采取措施以保全货物的一方当事人，可以将货物寄放于第三方的仓库，由对方承担费用，但该费用应合理。b. 将易坏货物出售：对易于迅速变坏的货物保全会发生不合理费用的，可以出售货物，并应将出售货物的打算在可能的范围内通知对方。出售货物的一方可从出售货物的价款中扣除保全货物和销售货物发生的合理费用。因此，ABC 正确。

D 中"受要约人对要约中的货物质量或者争端解决的方式的改变"属于实质性变更。因此，D 错误。

综上，本题 ABC 当选。

【解题要领】

(1)《公约》对保全货物的规定；

(2) 区分要约的实质性变更与非实质性变更：前者是对要约的主要条款变更，后者是对要约的非主要条款变更。

127. 【答案】BD

【解析】关于《公约》的适用，主要有以下规定：

《公约》第1条第1款规定，本公约适用于营业地在不同国家的当事人之间所订立的货物销售合同：①如果这些国家是缔约国；或②如果国际私法规则导致适用某一缔约国的法律。因此，A错误。

《公约》第2条排除了六种不适用公约的合同：①购买供私人、家人或家庭使用的货物的销售；②以拍卖的方式进行的销售；③根据法律执行令状或其他令状的销售；④公债、股票、投资证券、流通票据或货币的销售；⑤船舶、船只、气垫船或飞机的销售；⑥电力的销售。因此，B正确。

《公约》没有涉及的法律问题主要有：①《公约》不涉及有关销售合同的效力或惯例的效力问题；②《公约》不涉及销售合同对所售出的货物的所有权转移问题；③《公约》不涉及卖方对货物引起的人身伤亡的责任问题。可见，公约不涉及所有权转移但涉及风险转移。因此，C错误，D正确。

综上，本题BD当选。

【解题要领】

(1)《公约》一般采用营业地标准，但当一方当事人或双方当事人营业地不在《公约》缔约国境内，而根据国际私法适用规范导致适用某一缔约国法律时，《公约》也可以适用；

(2)《公约》不适用于船舶、飞机、气垫船的销售；

(3)《公约》不适用于合同效力、所有权转移、货物引起的人身伤亡责任。

128. 【答案】ABD

【解析】本题涉及1980年《公约》关于预期违反合同的救济规定。B公司只是临时中止合同，而不是宣布合同无效。因此，A错误。

《公约》第71条第3款规定，中止履行义务的一方当事人不论是在货物发运前还是发运后，都必须立即通知另一方当事人，如经另一方当事人对履行义务提供充分保证，则他必须继续履行义务。因此，C正确。

B公司在A公司提供了充分保证的情形下仍拒绝履行合同，构成违约。因此，BD错误。

综上，本题ABD当选。

解题要领

《公约》关于预期违约的规定。

129. [答案] AD

[解析] 本题考查国际货物买卖分批交货合同中的无效宣告。《公约》第73条规定："①对于分批交付货物的合同，如果一方当事人不履行对任何一批货物的义务，便对该批货物构成根本违反合同，则另一方当事人可以宣告合同对该批货物无效；②如果一方当事人不履行对任何一批货物的义务，使另一方当事人有充分理由断定对今后各批货物将会发生根本违反合同，该另一方当事人可以在一段合理时间内宣告合同今后无效；③买方宣告合同对任何一批货物的交付为无效时，可以同时宣告合同对已交付的或今后交付的各批货物均为无效，如果各批货物是互相依存的，不能单独用于双方当事人在订立合同时所设想的目的。"

据此，本题中第一批货物并未出现违约情形，第二批货物出现了质量问题，并且甲公司有充分理由断定第三批货物的质量问题也将发生根本违约，所以买方可以宣告合同对第二、三批货物无效。因此，AD正确，BC错误。

综上，本题AD当选。

解题要领

（1）批与批相互依赖的分批交货合同，其中一批根本违约时，对方不仅能解除该批合同，还能解除整份合同；

（2）批与批相互独立的分批交货合同，其中一批根本违约时，只能解除该批合同，不能解除整份合同。

130. [答案] B

[解析] 在国际贸易中，卖方所交付的货物必须是第三方不能依工业产权或其他知识产权主张任何权利或要求的货物。因此，B错误。但由于国际贸

易中，货物通常是销往卖方以外的国家，而且还有转卖的情况，要求卖方了解所有国家有关的法律是不可能的，因此，公约对卖方的知识产权担保义务进行了某些限制，主要表现在《公约》第42条规定的地域限制和主观限制：①第三人的请求必须是依据货物使用地或者转售地国家的法律提出的，而这种转售地是在订立合同时预期的货物转售地。因此，A 正确。②如果买方知道卖方的权利瑕疵但仍同意接受该货物的，则卖方可以解除权利担保义务。因此，D 正确。③若此项权利或要求的发生，是由于卖方要遵照买方所提供的技术图样、图案、款式或其他规格，则卖方解除权利担保义务。因此，C 正确。

综上，本题 B 当选。

解题要领

(1) 国际货物买卖合同的卖方对买方营业地和合同预期的货物，或销售使用地承担知识产权担保责任；

(2) 在买方明知存在知识产权侵权的情况下，卖方免除对买方负担的知识产权担保责任。

131. [答案] ABC

[解析] CIF 条件下，货物的风险在卖方于装运港完成交货时，由卖方转移给买方。但风险的转移是在卖方无违约责任的情况下，如卖方有违约行为，买方仍然有权向卖方提出索赔。因此，A 错误。

《公约》第68条规定："对于在运输途中销售的货物，从订立合同时起，风险就移转到买方承担。但是，如果情况表明有此需要，从货物交付给签发载有运输合同单据的承运人时起，风险就由买方承担。尽管如此，如果卖方在订立合同时已知道或理应知道货物已经遗失或损坏，而他又不将这一事实告之买方，则这种遗失或损坏应由卖方负责。"因此，一般情况下，运输途中销售的货物，从订立合同时起，风险就移转到买方承担。因此，B 错误。

《公约》第50条规定，如货物与合同不符，不论货款是否已付，买方都可以减低价格。如买方请求了损害赔偿就不能再进行减价，当然，如减价不足以补偿买方的损失，还可同时请求损害赔偿。因此，C 错误。

CIF 术语下，如果买方没有特殊要求，卖方只有义务投保海运最低险（平安险）。因此，D 正确。

综上，本题 ABC 当选。

▎解题要领

(1) CIF 风险转移规则；

(2) 买卖运输途中货物的风险转移规则；

(3) CIF 的保险规则；

(4) 1980 年《公约》的违约救济规则。

132. ▎答 案 ▎ A

▎解 析 ▎承运人明知货物有瑕疵还签发清洁提单，因此保函是恶意的，故保函无效，且保函不能对抗第三人，对此承运人应承担赔偿责任。因此，A 正确，C 错误。

淡水雨淋险和短量险不在水渍险的承保范围，何况货物装货时就存在品质缺陷，保险公司不用赔偿。因此，BD 错误。

综上，本题 A 当选。

▎解题要领

(1) 换取清洁提单的保函，善意有效，恶意无效。且即使是有效的保函，也只能约束保函双方当事人。

(2) 水渍险承保海上风险造成的货物全部和部分损失。

133. ▎答 案 ▎ ABC

▎解 析 ▎最高人民法院《关于审理无正本提单交付货物案件适用法律若干问题的规定》第 11 条规定，正本提单持有人可以要求无正本提单交付货物的承运人与无正本提单提取货物的人承担连带赔偿责任。因此，A 错误。

最高人民法院《关于审理无正本提单交付货物案件适用法律若干问题的规定》第 4 条规定，承运人因无正本提单交付货物承担民事责任的，不适用《海商法》第 56 条关于限制赔偿责任的规定。因此，B 错误。

最高人民法院《关于审理无正本提单交付货物案件适用法律若干问题的规定》第 6 条规定，承运人因无正本提单交付货物造成正本提单持有人损失的赔偿额，按照货物装船时的价值加运费和保险费计算。因此，C 错误。

最高人民法院《关于审理无正本提单交付货物案件适用法律若干问题的规定》第 3 条第 1 款规定，承运人因无正本提单交付货物造成正本提单持有人损失的，正本提单持有人可以要求承运人承担违约责任，或者承担侵权责任。因此，D正确。

综上，本题ABC当选。

[解题要领]

最高人民法院《关于审理无正本提单交付货物案件适用法律若干问题的规定》。

134. [答案]BCD

[解析]承运人应使货舱、冷藏舱和该船其他运载货物的部位适宜并能安全地收受、运送和保管货物，A属于承运人责任范围，承运人必须承担。

《海牙规则》采用不完全过失责任制，承运人航行过失和火灾过失免责，其他情况承运人如果无过错，都不需要承担责任。BCD承运人都没有过错，所以承运人可以免责。

综上，本题BCD当选。

[解题要领]

(1)《海牙规则》承运人责任采用"航行过失免责+无过失免责"。

(2) 海运承运人最低限度的义务包括：开航前、开航时保证船舶适航；在整个运输期间妥善管货。

135. [答案]ACD

[解析]《海牙规则》第4条第2款规定承运人的免责共有17项。货舱湿度未达标属于货舱不适航，承运人不能免责。因此，A错误。

《汉堡规则》首次增加了"实际承运人"概念，根据其第10条的规定，B正确。

只有《汉堡规则》对保函作出了相应规定。因此，C错误。

我国《海商法》也采用"不完全过失责任制"。因此，D错误。

综上，本题ACD当选。

[解题要领]

(1)《海牙规则》承运人责任采用"航行过失免责+无过失免责"；

(2) 三大运输规则中，只有《汉堡规则》规定了"保函"；

(3)《汉堡规则》承运人责任采用"完全的过失责任制"；

(4) 我国《海商法》中承运人责任同《海牙规则》。

136. [答案] C

[解析] 倒签、预借提单均属于欺诈行为。如果卖方想让装船期和信用证相符,唯一的办法就是在征得买方同意的情况下,通知银行修改信用证。因此,AB错误,C正确。

D属于无单放货,正本提单持有人可以要求承运人承担违约责任或侵权责任。因此,D错误。

综上,本题C当选。

解题要领

(1) 倒签提单和预借提单都是为了迎合信用证的规定而签发的,区别在于前者货物已经装上船,而后者货物尚未装上船。

(2) 在承运人无单放货的情况下,正本提单持有人可以要求承运人承担侵权责任或违约责任。正本提单持有人也可以起诉承运人或实际取货的人。

137. [答案] D

[解析] 本题属于为换取倒签提单而签发的保函,此类保函统统是恶意无效保函。因此,D正确。

综上,本题D当选。

解题要领

换取倒签、预借提单的保函均为恶意无效保函,即使在保函双方当事人之间也无效。

138. [答案] A

[解析] 本案属于卖方交付的货物本身有问题,所以不存在风险转移的问题,这就是卖方的责任。因此,A错误。

在国际货物买卖中,无论卖方交付的货物怎样,买方都应该先接收下来。但是接收不等于接受,买方可以要求卖方减价。因此,BC正确。

交付替代物和宣告合同无效都必须以卖方构成根本违约为前提。因此,D正确。

综上,本题A当选。

解题要领

(1) 风险必须是既不能归责于卖方也不能归责于买方的原因;

(2) 交付替代物的行使必须以违约方根本违约为前提。

139. [答案] C

[解析] 部分损失包括共同海损和单独海损。因此，A 正确。

共同海损和单独海损的区别在于：首先，共同海损涉及的海上危险是共同的，必须涉及船舶及货物共同的安全，而单独海损中的危险只涉及船舶或货物中一方的利益；其次，共同海损有人为的因素，是明知采取措施会导致标的的损失，但为共同的安全仍有意采取该措施而引起的损失，而单独海损则纯粹是意外事故造成的标的的损失，无人为的因素；最后，共同海损的损失由于是为大家的利益而牺牲的，所以应由受益各方分摊，而单独海损的损失则由单方来承担。因此，BD 正确，C 错误。

综上，本题 C 当选。

[解题要领]

(1) 共同海损是指在同一海上航程中，船、货遭遇共同危险，为了船、货共同安全，有意采取的特殊措施而支付的特殊费用。

(2) 共同海损的损失由获救财产的受益方进行分摊。但共同海损的牺牲人也是受益人，也应一起参与分摊。

140. [答案] BC

[解析] 串味异味属于一般外来原因，其包括在一切险承保范围内。因此，C 正确。

作为一种附加险别，串味异味险不能单独投保，而只能附加在基本险之后进行投保。因此，A 错误，B 正确。

平安险的承保范围不包括串味异味。因此，D 错误。

综上，本题 BC 当选。

[解题要领]

(1) 一切险是水渍险+一般附加险；

(2) 附加险不可以单独投保。

141. [答案] A

[解析] 平安险承保海上风险造成的货物全部和部分损失，但单纯由于自然灾害造成的单独海损不保。因此，A 属于平安险承保范围。

B 中运输延迟属于保险除外责任，因此该损失不属于保险公司的赔偿范围。

C 属于短量险赔偿范围，短量险是附加险的一种，所以不是平安险承保范围。

D 属于单纯由于自然灾害造成的单独海损，平安险不赔。

综上，本题 A 当选。

解题要领

(1) 平安险的承保范围；

(2) 保险公司的除外责任。

142. 答案 D

解析 CIF 价格包含保险费，运输途中的风险由买方承担，本题中的风险属于一切险的承保范围。因此，D 正确。

综上，本题 D 当选。

解题要领

(1) CIF 贸易术语的风险转移时间；

(2) 一切险的承保范围。

143. 答案 D

解析 付款交单（D/P）和承兑交单（D/A）相比，承兑交单对卖方来说风险更大。因此，A 错误。

托收行只审核所收到的单据与托收指示在表面上是否一致。因此，B 错误。

代收行对单据、管理货物和票据追索都没有义务。因此，C 错误，D 正确。

综上，本题 D 当选。

解题要领

(1) 付款交单与承兑交单的区别在于后者风险较大；

(2) 托收行在审单时只审表面是否一致，不审实质；

(3) 买方拒绝付款时，代收行免除管理货物、票据追索和垫付资金的责任，只有义务通知托收行结果。

144. [答案] ABC

[解析] 信用证"软条款"是在信用证上人为设立的限制性条款，一般是为银行审单设置障碍，阻止议付。由于银行审单只审查单证一致、单单一致，因此信用证"软条款"常常在审单时多设条件，对受益人危害极大。"本信用证付款以货物经开证申请人或其授权人检验合格并签发检验证书为条件""本信用证的生效以开证行的另行通知为条件""信用证项下的货款要在货物清关后才支付"均属于此种常见的"软条款"。D是法律所规定必须提交的单据，不是"软条款"。

综上，本题ABC当选。

[解题要领] 信用证"软条款"也是一种信用证欺诈，是卖方受制于买方的条款，也可以理解为买方骗卖方的条款。

145. [答案] D

[解析] UCP600明确了信用证是不可撤销的。因此，A错误。

银行只审核单证表面是否相符。因此，B错误。

当开证行确定交单不符时，可以自行决定联系申请人放弃不符点。如果收到开证申请人放弃不符点的通知，则可以释放单据。因此，C错误。

保兑行的付款责任相当于其本身是开证行。因此，D正确。

综上，本题D当选。

[解题要领]

（1）UCP600已经取消了可撤销信用证。

（2）银行只审核单证表面是否一致。

（3）当开证行确定交单不符时，可以自行决定联系申请人放弃不符点。如果收到开证申请人放弃不符点的通知，银行可以释放单据。

（4）保兑行的付款责任相当于开证行，并且独立于开证行。

146. [答案] A

[解析] 保兑行在信用证中是保证付款的银行，尤其是当开证行破产或无力清偿时。因此，A正确。

综上，本题A当选。

解题要领

保兑行的付款责任相当于开证行,保兑行的付款责任独立于开证行。

147. [答案] ABD

[解析] 挪威公司无权单方面要求银行修改信用证。因此,A 错误。

倒签提单是欺诈行为。因此,B 错误。

卖方作为信用证的受益人,应该在取得买方同意后,委托买方通知银行修改信用证。因此,C 正确。

由于信用证是银行开出的,买卖双方修改信用证,必须经过银行。因此,D 错误。

综上,本题 ABD 当选。

解题要领

(1) 买卖双方均无权修改信用证,信用证的修改只能由开证行完成;

(2) 倒签提单属于违法行为。

专题 14　国际贸易公法

国际贸易公法

外贸管理制度

- 中国《对外贸易法》（2022年修正）
  - 适用范围：不适用于：特殊物质或产品的进出口；边境地区贸易；单独关税区（港澳台）
- 中国2020年《出口管制法》
- 反倾销措施
  - 条件
    - 倾销
      - 损害：实质性损害、实质性损害威胁、实质性阻碍
      - 倾销与损害存在因果关系
  - 调查
    - 机构
      - 方式：经申请调查、依职权主动调查
      - 终止调查：撤销申请、证据不足、幅度低于2%等
  - 措施：①临时反倾销措施：立案调查决定公告之日起60天内不得采取临时反倾销措施；②价格承诺；③反倾销税
- 反补贴措施
  - 条件：存在专项性补贴
    - 损害：实质性损害、实质性损害威胁、实质性阻碍
    - 因果关系
  - 程序：同反倾销调查程序
    - 措施：价格承诺可由出口国政府或出口经营者作出
- 保障措施
  - 条件：进口产品数量增加、国内产业受到损害、因果关系
  - 实施：措施：①临时保障措施（提高关税）；②保障措施（提高关税、数量限制）

世界贸易组织

- 基本原则：①最惠国待遇原则；②国民待遇原则；③关税减让原则
- 中国的特殊义务
  - 外贸经营权的放开
  - 15年非市场经济承诺：①反倾销调查；②反补贴领域
  - 12年特定产品保障措施承诺
- TRIMs：违反国民待遇原则：当地成分要求；贸易平衡要求；违反取消数量限制原则用汇限制（限制进口）；国内销售要求（限制出口）
- GATS
  - 功能分类：①跨境供应（服务产品本身跨境）；②境外消费（消费者跨境）；③商业存在；④自然人流动
  - WTO成员方关于服务贸易的承诺：①一般承诺：最惠国待遇；②具体承诺：国民待遇、市场准入；③GATS本身是框架性协议
- WTO争端解决机制
  - 磋商
  - 专家组审理：非常设、核心程序、审查事实法律问题
  - 上诉机构审理：常设、非必经、只审查法律
  - DSB通过报告
    - 报告的执行和监督
    - 不执行 → 报复
  - 争端解决机构一票赞成通过

第47讲 中国《对外贸易法》和《出口管制法》

考点 79 ▶ 中国《对外贸易法》

148. 下列有关我国对外贸易的说法，错误的是：（ ）

A. 对于外贸经营者，我国实行备案登记制度，从事货物或技术进出口的外贸经营者都应向国务院相关部门办理备案登记

B. 我国对限制进出口的货物实行配额、许可证管理，对限制进出口的技术只实行许可证管理

C. 为建立国内特定服务产业，国家可以限制或禁止有关的国际服务贸易

D. 国家通过进口信贷、进出口信用保险、出口退税及其他促进对外贸易的方式，发展对外贸易

考点 80 ▶ 中国《出口管制法》（2021 年所增考点）

149. 根据中国 2020 年 12 月 1 日开始实施的《出口管制法》，下列说法不正确的有：（ ）

A. 出口管制的对象仅限于有形的货物

B. 出口管制的主体仅限于我国从事出口活动的公民、法人和非法人组织

C. 国家出口管制部门制定出口管制清单

D. 国家对两用物项和军品实行出口许可证制度

第48讲 贸易救济措施争议的国内救济程序和多边救济程序比较

考点 81 ▶ 贸易救济措施争议的国内救济程序和多边救济程序比较

150. 关于贸易救济措施争议的国内程序救济和多边程序救济，下列哪些说法是正确的？（ ）

A. 前者的当事人是原调查的利害关系人，而后者的当事人是出口国政府和进口国政府

B. 前者的申诉对象是主管机关的具体行政行为，而后者的申诉对象则还包括行政复议裁决、法院判决，甚至还包括进口国立法

C. 前者的审查依据是进口国国内法，而后者的审查依据是 WTO 的相关规则

D. 前者遵循的是进口国国内行政复议法或行政诉讼法，而后者遵循的是 WTO 的争端解决规则

第49讲 贸易救济措施之反倾销措施

考点 82 ▶ 贸易救济措施之反倾销措施

151. 下列哪项不属于反倾销调查在初步裁定时应当终止反倾销调查的情形？（　　）

A. 申请人撤销申请

B. 没有足够证据证明存在倾销、损害或者二者之间有因果关系

C. 倾销幅度小于 3%

D. 倾销进口产品实际或者潜在的进口量或者损害可忽略不计

152. 根据我国《反倾销条例》的规定，在某些情况下，反倾销税可以追溯征收。如果追溯征收反倾销税，可以追溯适用于下列哪些产品？（　　）

A. 采取临时反倾销措施期间进口的产品

B. 发起反倾销调查前 90 天内进口的产品

C. 提起反倾销调查前 90 天内进口的产品

D. 实施临时反倾销措施之日起前 90 天内进口的产品

第50讲 贸易救济措施之反补贴措施

考点 83 ▶ 贸易救济措施之反补贴措施

153. 根据我国《反补贴条例》的规定，下列哪一选项是正确的？（　　）

A. 必要时，商务部可以强迫出口经营者作出承诺

B. 我国政府提供给国有企业的补贴属于专向性补贴

C. 损害仅限于对已经建立的国内产业造成实质损害或实质损害的威胁

D. 在反补贴调查期间，出口国政府和出口经营者均可以提出取消、限制补贴或者其他有关措施的承诺

154. 根据 2002 年 9 月 11 日最高人民法院通过的《关于审理反倾销行政案件应用法律若干问题的规定》和《关于审理反补贴行政案件应用法律若干问题的规定》的规定，下列哪些主体可以向人民法院提起与反倾销或反补贴行政行为有关的行政诉讼？（　　）

A. 向国务院主管部门提出反倾销或反补贴调查书面申请的申请人

B. 与反倾销或反补贴调查有关的出口经营者

C. 与反倾销或反补贴调查有关的进口经营者

D. 中华人民共和国商务部

155. 根据我国《反补贴条例》的规定，可以对其进行调查、采取反补贴措施的补贴必须具有专向性。下列哪些补贴具有专向性？（　　）

A. 出口国政府明确确定的某些企业、产业获得的补贴

B. 由出口国法律、法规明确规定的某些企业、产业获得的补贴

C. 以出口实绩为条件获得的补贴，包括反补贴条例所附出口补贴清单列举的各项补贴

D. 以使用本国或本地区产品替代进口产品为条件获得的补贴

第51讲　贸易救济措施之保障措施

考点 84 ▶ 贸易救济措施之保障措施

156. 根据 2004 年修订的《保障措施条例》的规定，下列哪些选项是不正确的？（　　）

A. 采取保障措施的条件之一是国内产业受到损害，具体而言，是指生产同类产品或者直接竞争产品的国内产业受到严重损害或严重损害威胁

B. 保障措施调查，一律由商务部独立进行

C. 保障措施和反倾销、反补贴措施一样，只能采取提高关税的形式

D. 保障措施应针对特定来源的进口产品实施

157. 下列有关中国贸易救济措施的说法，正确的是：（   ）

A. 反倾销税的征收期限和价格承诺的履行期限不超过 6 年，但是经复审确定终止征收反倾销税有可能导致损害的继续或者再度发生的，可以适当延长反倾销税的征收期限

B. 根据《反补贴条例》的规定，对接受了普遍性补贴的产品，也可以发动反补贴调查

C. 保障措施的实施期限不超过 4 年，符合法律规定的条件的，保障措施的实施期限可以适当延长，但最长不超过 8 年

D. 对同一进口产品再次采取保障措施的，与前次采取保障措施的时间间隔应当不短于前次采取保障措施的实施期限，并且至少为 2 年

第52讲 世界贸易组织基本法律制度

考点 85 ▶ 世贸组织的法律框架

158. 关于中国与世界贸易组织的相关表述，下列哪些选项是正确的？（   ）

A. 世界贸易组织成员包括加入世界贸易组织的各国政府和单独关税区政府，中国香港、澳门和台湾是世界贸易组织的成员

B. 《民用航空器贸易协定》属于世界贸易组织法律体系中的诸边贸易协议，该协议对于包括中国在内的所有成员均有约束力

C. 《中国加入世界贸易组织议定书》中特别规定了针对中国的特定产品的过渡性保障措施机制

D. 《关于争端解决规则与程序的谅解》在世界贸易组织框架下建立了统一的多边贸易争端解决机制

考点 86 ▶ 世界贸易组织的基本原则

159. 关于世界贸易组织的说法，下列哪些选项是不正确的？（   ）

A. 世界贸易组织总理事会同时履行争端解决机构和贸易政策审议机构的职责

B. 世界贸易组织总干事应依其国籍国指示履行其在 WTO 的职责

C. 《民用航空器贸易协定》属于世界贸易组织多边协议，成员方加入世界贸易组织时必须接受

D. 修改世界贸易组织的最惠国待遇原则，需经全体成员 4/5 以上同意

第53讲 《与贸易有关的投资措施协议》（TRIMs）

考 点 87 ▶《与贸易有关的投资措施协议》（TRIMs）

160. 戊国为世界贸易组织《与贸易有关的投资措施协议》的当事方，Q公司为外商在戊国设立的外商投资企业。下列选项中哪些不符合《与贸易有关的投资措施协议》的规定？（　　）

　　A. 戊国在其外资法中规定，外商投资企业涉及航运的国有股份必须占到50%以上

　　B. 戊国要求其境内的外资企业，在进口相关原料时，要出口相应价值的产品

　　C. 戊国对其境内的汽车制造企业，凡购买境内产的橡胶材料5吨以上，则给予所制造的汽车出口10%的关税优惠

　　D. Q公司认为戊国所采取的投资措施侵害了其利益，可向与贸易有关的投资措施委员会申请解决争端，而不能提交WTO的贸易争端解决程序解决

第54讲 《服务贸易总协定》（GATS）

考 点 88 ▶《服务贸易总协定》（GATS）

161. 下列哪些选项属于《服务贸易总协定》规定的服务贸易的类型？（　　）

　　A. 甲国某咨询公司通过网络向位于乙国的当事人提供技术咨询

　　B. 甲国消费者到乙国旅游、就医、留学

　　C. 甲国某保险公司在乙国设立分支机构为乙国客户提供保险服务

　　D. 甲国自然人服务提供者到乙国为乙国国民提供服务

第55讲 WTO争端解决机制

考 点 89 ▶ WTO争端解决机制

162. 关于世界贸易组织争端解决机制中的专家组程序，下列说法正确的

有：（ ）

A. 专家组程序是世界贸易组织争端解决机制的核心程序

B. 专家组一般情况下由3人组成，如果各方同意，也可以由5人组成

C. 专家组的最后报告一般应当在6个月内提交争端各方

D. 对专家组报告的通过，世界贸易组织争端解决机构适用"反向协商一致"的原则

163. 根据WTO《关于争端解决规则与程序的谅解》及相关协议的规定，下列哪些选项是正确的？（ ）

A. WTO争端解决机制只用来解决成员之间的贸易争端，不包括跨国公司和成员方政府的争议

B. 既然磋商仅仅是一种程序性要求，如果成员之间不可能达成一致，不必等到60天就可以直接申请设立专家组

C. 成员方提起申诉，必须以申诉方法律利益或经济利益受到损害为前提

D. 在专家组认为已经有效解决了争端的情况下，可以不对申诉方的所有诉求进行审查

第56讲 中国在WTO中的特殊义务

考点90 ▶ 中国在WTO中的特殊义务

164. 中国加入世界贸易组织的条件规定在《中国加入世界贸易组织议定书》及其附件中。对此，下列哪些选项是正确的？（ ）

A. 该议定书及其附件构成世界贸易组织协定的一部分

B. 中国只根据该议定书及其附件承担义务

C. 该议定书中规定的特定产品过渡性保障机制已经失效

D. 中国与其他成员在加入谈判中作出的具体承诺，不构成该议定书的组成部分

答案及解析

148. 答案 ACD

解析 原《对外贸易法》第9条第1款规定："从事货物进出口或者技术进出口的对外贸易经营者，应当向国务院对外贸易主管部门或者其委托的机构办理备案登记；但是，法律、行政法规和国务院对外贸易主管部门规定不需要备案登记的除外。"但是，2022年12月30日全国人大常委会通过了《关于修改〈中华人民共和国对外贸易法〉的决定》，删除了第9条。因此，A错误。

《对外贸易法》第18条规定："国家对限制进口或者出口的货物，实行配额、许可证等方式管理；对限制进口或者出口的技术，实行许可证管理。实行配额、许可证管理的货物、技术，应当按照国务院规定经国务院对外贸易主管部门或者经其会同国务院其他有关部门许可，方可进口或者出口。国家对部分进口货物可以实行关税配额管理。"因此，B正确。

《对外贸易法》第25条规定："国家基于下列原因，可以限制或者禁止有关的国际服务贸易：……③为建立或者加快建立国内特定服务产业，需要限制的；……"可知，为建立国内特定服务产业只能限制有关的国际服务贸易，而不能禁止。因此，C错误。

《对外贸易法》第52条规定："国家通过进出口信贷、出口信用保险、出口退税及其他促进对外贸易的方式，发展对外贸易。"因此，D错误。

综上，本题ACD当选。

解题要领

熟悉《对外贸易法》的有关内容。

149. 答案 ABD

解析 出口管制的对象既包括有形的货物、无形的技术和服务，还包括物项相关的技术资料等数据。因此，A错误。

国家对从中国境内向境外转移管制物项，以及中国公民、法人和非法人组织向外国组织和个人提供管制物项，采取禁止或者限制性措施。据此，出口管制的主体涵盖中国和外国的自然人、法人和其他组织。因此，

B 错误。

国家制定并公布出口管制清单。因此，C 正确。

国家对两用物项出口管制实行出口许可证制度，对军品出口管制实行军品出口专营制度。因此，D 错误。

综上，本题 ABD 当选。

[解题要领]

熟悉中国《出口管制法》（2020 年 12 月 1 日实施）的相关法条。

150. [答案] ABCD

[解析] 国内程序救济和多边程序救济在性质上是两种根本不同的救济，一个是一国之内的，一个是世界贸易组织项下的。其主要区别有：

（1）当事人不同。在国内程序中，当事人是原调查的利害关系方；而在多边程序中，当事人是出口国政府和进口国政府。因此，A 正确。

（2）申诉对象不同。在国内程序中，申诉对象是主管机关作出的决定或采取的措施；而在多边程序中，申诉对象可以是主管机关作出的决定或采取的措施，也可以是复审法院的裁决，甚至还可以包括立法本身（统称"进口成员国措施"）。因此，B 正确。

（3）实体规则或审查标准不同。国内程序中据以判断主管机关的决定是否合法的依据是进口国国内法；而在多边程序中审查成员国措施的依据是世贸组织的相关规则。因此，C 正确。

（4）处理争议的程序不同。在国内程序中遵循的是进口国的行政复议法或诉讼程序法；而在多边程序中遵循的是世贸组织的争端解决规则和程序以及相关协议规定的特殊或额外的规则和程序。因此，D 正确。另外，两者还在复议、审判机构和救济结果等方面存在着不同。

综上，本题 ABCD 当选。

[解题要领]

贸易救济措施的国内程序救济和多边程序救济的区别主要在于：①当事人不同；②申诉对象不同；③实体规则或审查标准不同；④处理争议的程序不同。

151. [答案] C

[解析]《反倾销条例》第 27 条第 1 款规定："有下列情形之一的，反倾销

调查应当终止，并由商务部予以公告：①申请人撤销申请的；②没有足够证据证明存在倾销、损害或者二者之间有因果关系的；③倾销幅度低于2%的；④倾销进口产品实际或者潜在的进口量或者损害属于可忽略不计的；⑤商务部认为不适宜继续进行反倾销调查的。"因此，C 不属于上述情形。

综上，本题 C 当选。

解题要领

熟悉《反倾销条例》对"终止反倾销调查情形"的规定。

152. [答案] AD

[解析]《反倾销条例》第 43 条第 1、2 款规定："终裁决定确定存在实质损害，并在此前已经采取临时反倾销措施的，反倾销税可以对已经实施临时反倾销措施的期间追溯征收。终裁决定确定存在实质损害威胁，在先前不采取临时反倾销措施将会导致后来作出实质损害裁定的情况下已经采取临时反倾销措施的，反倾销税可以对已经实施临时反倾销措施的期间追溯征收。"因此，A 当选。

《反倾销条例》第 36 条规定："出口经营者违反其价格承诺的，商务部依照本条例的规定，可以立即决定恢复反倾销调查；根据可获得的最佳信息，可以决定采取临时反倾销措施，并可以对实施临时反倾销措施前 90 天内进口的产品追溯征收反倾销税，但违反价格承诺前进口的产品除外。"因此，D 当选。

综上，本题 AD 当选。

解题要领

反倾销税一般只能对终局裁定以后的产品实施，但特殊情况下可以追溯征收，最多可以追溯到"实施临时反倾销措施前 90 天内进口的产品"。

153. [答案] B

[解析] 商务部只能建议不能强迫出口经营者作出承诺。因此，A 错误。

出口国政府明确确定的某些企业、产业获得的补贴属于专向性补贴。因此，B 正确。

损害包括对已经建立的国内产业造成实质损害或实质损害的威胁，或者对建立国内产业造成实质阻碍。因此，C 错误。

出口国政府可以提出取消、限制补贴的承诺，而出口经营者不可以。因此，D 错误。

综上，本题 B 当选。

解题要领

(1) 商务部只能建议不能强迫出口经营者作出承诺。

(2)《反补贴条例》中承诺的作出者既可以是出口国政府，也可以是出口经营者。前者承诺取消补贴，后者承诺提高价格。

(3) 我国政府给国有企业的补贴属于专向性补贴。

(4)《反补贴条例》中的损害既包括对国内现有产业造成的损害，也包括对即将建立的产业造成的阻碍。

154. [答案] ABC

解析 与反倾销行政行为或反补贴行政行为具有法律上的利害关系的个人或者组织为利害关系人，可以依照《行政诉讼法》及其他有关法律、行政法规的规定，向人民法院提起行政诉讼。利害关系人包括向国务院主管机关提出反倾销或反补贴调查书面申请的申请人，有关出口经营者和进口经营者及其他具有法律上利害关系的自然人、法人或者其他组织。

综上，本题 ABC 当选。

解题要领

熟悉最高人民法院《关于审理反倾销行政案件应用法律若干问题的规定》和《关于审理反补贴行政案件应用法律若干问题的规定》的有关内容。

155. [答案] ABCD

解析《反补贴条例》第 4 条第 1、2 款规定："依照本条例进行调查、采取反补贴措施的补贴，必须具有专向性。具有下列情形之一的补贴，具有专向性：①由出口国（地区）政府明确确定的某些企业、产业获得的补贴；②由出口国（地区）法律、法规明确规定的某些企业、产业获得的补贴；③指定特定区域内的企业、产业获得的补贴；④以出口实绩为条件获得的补贴，包括本条例所附出口补贴清单列举的各项补贴；⑤以使用本国（地区）产品替代进口产品为条件获得的补贴。"因此，ABCD 正确。

综上，本题 ABCD 当选。

解题要领

熟悉《反补贴条例》的有关内容。

156. 答案 BCD

解析《保障措施条例》第2条规定："进口产品数量增加，并对生产同类产品或者直接竞争产品的国内产业造成严重损害或者严重损害威胁（以下除特别指明外，统称损害）的，依照本条例的规定进行调查，采取保障措施。"因此，A正确。

《保障措施条例》第6条规定："对进口产品数量增加及损害的调查和确定，由商务部负责；其中，涉及农产品的保障措施国内产业损害调查，由商务部会同农业部进行。"可见保障措施调查涉及农产品的，须由商务部会同农业部进行。因此，B错误。

《保障措施条例》第19条规定："终裁决定确定进口产品数量增加，并由此对国内产业造成损害的，可以采取保障措施。实施保障措施应当符合公共利益。保障措施可以采取提高关税、数量限制等形式。"因此，C错误。

《保障措施条例》第22条规定："保障措施应当针对正在进口的产品实施，不区分产品来源国（地区）。"保障措施不能具有歧视性。因此，D错误。

综上，本题BCD当选。

解题要领

熟悉《保障措施条例》的有关内容。

157. 答案 D

解析 反倾销税的征税期限是5年，经复审可以延长。因此，A错误。

反补贴调查只能针对接受了专项性补贴的产品。因此，B错误。

保障措施的实施期限不超过4年，符合条件的，最长不超过10年。因此，C错误。

根据《保障措施条例》第30条第1款的规定，D正确。

综上，本题D当选。

解题要领

熟悉《反倾销条例》《反补贴条例》《保障措施条例》的有关内容。

158. [答案] ACD

[解析] 世界贸易组织的成员为主权国家或单独关税区。因此，A 正确。

《民用航空器贸易协定》属于诸边贸易协议，成员方可以选择接受。因此，B 错误。

《中国加入世界贸易组织议定书》中规定了中国的特定产品的过渡性保障措施机制。因此，C 正确。

多边贸易争端解决机制来源于《关于争端解决规则与程序的谅解》文件。因此，D 正确。

综上，本题 ACD 当选。

[解题要领]

(1) 世界贸易组织的成员构成；

(2)《民用航空器贸易协定》《政府采购协议》《信息技术产品协议》属于诸边协议，成员方可以选择加入；

(3) 特别保障措施条款。

159. [答案] BCD

[解析] 世贸组织总理事会、争端解决机构和贸易政策审议机构由同样的成员组成，各成员同时履行三个机构的职责。因此，A 正确。

WTO 总干事在履行职责方面，不应寻求和接受任何政府或当局的指示，各成员不应对他们履行职责施加影响。因此，B 错误。

《民用航空器贸易协定》属于诸边贸易协议，成员方可以选择接受。因此，C 错误。

最惠国待遇原则的修改需经全体成员同意。因此，D 错误。

综上，本题 BCD 当选。

[解题要领]

(1) 世贸组织总理事会同时履行争端解决机构和贸易政策审议机构的职责；

(2) 世贸组织总干事履行其在 WTO 的职责时，不应依其国籍国的指示；

(3)《民用航空器贸易协定》《政府采购协议》《信息技术产品协议》属于诸边贸易协议，成员方可以选择加入；

(4) 最惠国待遇原则的修改必须经过全体成员方一致同意。

160. [答案] BC

[解析] 根据《与贸易有关的投资措施协议》的规定，任何成员一方不得实施与国民待遇和普遍取消数量限制原则不相符合的与贸易有关的投资措施，其中，与国民待遇不相符合的措施有：①要求企业购买或使用本国用品或来源于国内渠道的产品；②限制企业购买或使用进口产品的数量，并把这一数量同该企业出口当地产品数量或价值联系起来。BC的措施与协议中的国民待遇原则不相符。

《与贸易有关的投资措施协议》对当地股权的构成比例没有要求和限制。因此，A符合，不当选。

根据《与贸易有关的投资措施协议》第7条的规定，设立了一个"与贸易有关的投资措施委员会"，专门处理有关事项，为缔约方提供协商机会，委员会对所有成员开放。因此，D符合，不当选。

综上，本题BC当选。

[解题要领]

熟悉《与贸易有关的投资措施协议》的有关内容。

161. [答案] ABCD

[解析]《服务贸易总协定》中规定了四种服务贸易方式：①跨境供应；②境外消费；③商业存在；④自然人流动。本题ABCD分别属于这四种服务贸易的方式，均当选。

[解题要领]

熟悉《服务贸易总协定》中规定的对服务贸易的四种功能分类。

162. [答案] ABCD

[解析] 专家组程序是世界贸易组织争端解决机制的核心程序。自提出磋商请求之日起60日内磋商没有解决争端时，申诉方可以申请成立专家组。专家组是解决争端的非常设性机构，一般情况下由3人组成，如果各方同意，也可以由5人组成，专家组的最后报告一般应当在6个月以内提交争端各方。因此，ABC正确。

"反向协商一致"原则是指除非争端解决机构一致不同意通过相关争端解决报告，否则该报告即得以通过。因此，D正确。

综上，本题ABCD当选。

[解题要领]

(1) 专家组的核心考点：审理案件的核心程序；非常设性机构；既审理案件的事实问题，也审理法律问题。

(2) 专家组的最后报告一般应当在6个月以内提交争端各方。

(3) 世贸组织争端解决机构对专家组报告的通过采用"反向协商一致"原则。

163. [答案] AD

[解析] WTO争端解决机制只解决成员之间的贸易争端，不包括跨国公司和成员方政府的争议。因此，A正确。

磋商时如果成员方不能达成一致，必须等到60天才可以申请设立专家组。因此，B错误。

申诉包括违反性申诉和非违反性申诉。因此，C错误。

D是诉讼经济原则的体现。因此，D正确。

综上，本题AD当选。

[解题要领]

(1) 世贸组织争端解决机制受理案件的主体仅限于世贸组织成员；

(2) 磋商的核心考点：必经程序、60天、保密进行；

(3) 世贸组织争端解决机制既受理违反性申诉，也受理非违反性申诉。

164. [答案] AC

[解析] 中国以加入世界贸易组织的方式成为世界贸易组织的成员。中国加入世界贸易组织的条件规定在《中国加入世界贸易组织议定书》及作为其附件的《中国入世议定书工作组报告》中。该议定书及其附件构成了《建立世界贸易组织的马拉喀什协定》（《世界贸易组织协定》）的一部分，它除了确认遵循世界贸易组织的一般性规范外，还针对中国的具体情况作了规定。因此，A正确。

中国不仅需要承担上述议定书规定的义务，还需要受《世界贸易组织协定》及其各个附件的约束。因此，B错误。

议定书还规定了针对中国特定产品的过渡性保障措施机制，但过渡期12年，已经于2013年失效。因此，C正确。

中国与其他成员进行的加入谈判的结果和中国作出的具体承诺，也是该议定书的组成部分，中国对此也应承担义务。因此，D 错误。

综上，本题 AC 当选。

解题要领

(1) 中国入世需要承担的义务包括一般义务和特殊义务；

(2) 特保条款仅针对中国，过渡期 12 年，已失效。

专题 15　国际知识产权法

```
国际知识产权法
├─《巴黎公约》
│   ├─基本原则
│   │   ├─国民待遇原则：①缔约国国民；②非缔约国国民（在缔约国有住所或营业所）——国民待遇的例外
│   │   ├─优先权原则
│   │   │   ├─仅适用于：发明、实用新型、外观设计、商标——优先保护期——不自动，提出申请
│   │   │   └─在先申请的撤回、放弃或驳回不影响该申请的优先权地位
│   │   ├─临时性保护原则：在任何成员国内举办的或经官方承认的国际展览会上展出——优先权日：公开展出之日
│   │   ├─独立性原则：也称非自动保护原则
│   │   └─最低标准原则：成员国立法只能高于公约规定，不能低于公约规定
│   └─驰名商标特殊保护：认定不以注册为前提
├─《伯尔尼公约》
│   ├─保护范围：保护文学、科学和艺术领域内的一切成果
│   ├─基本原则
│   │   ├─国民待遇原则（双国籍）：①作者国籍；②作品国籍
│   │   ├─自动保护原则：①成员国国民及在成员国有惯常居所的其他人，无需出版；②非成员国国民，在成员国又无惯常居所者，出版
│   │   └─独立保护原则：是否授予保护及受保护程度由各成员国依本国法独立决定
│   └─权利内容
│       ├─保护客体：①必须保护：文学艺术作品、演绎作品、实用艺术作品、工业品外观设计；②可保护：官方文件、讲演、演说或其他同类性质的作品、民间文学艺术作品；③不保护：日常新闻、纯属报刊消息性质的社会新闻
│       └─权利内容：精神权利+经济权利
├─TRIPs
│   ├─一般规定：①首次将最惠国待遇原则引入知识产权保护领域；②建立完善的知识产权执法体系
│   └─具体保护
│       ├─版权：首次保护计算机程序
│       ├─商标：①驰名商标的特殊保护扩大至服务标记，绝对（跨类）保护；②商标保护期限不得少于7年且可无限次续展；③所属业务与商标可同时转让，也可分别转让；④各成员国有义务对地理标志提供法律保护
│       └─专利
│           ├─原则：成员国对任何发明均应提供专利保护——例外：疾病的诊断方法、治疗方法、外科手术方法；动植物新品种
│           └─期限：自提交专利申请之日起不少于20年——专利权内容增加：专利进口权和许诺销售权
└─技术转让法
    └─协议种类：独占、排他、普通许可
```

第57讲 《保护工业产权巴黎公约》（《巴黎公约》）

考点 91 ▶《巴黎公约》

165. 根据保护知识产权的《巴黎公约》的规定，下列哪些选项是错误的？
（　　）

A.《巴黎公约》的优先权原则仅适用于发明专利

B.《巴黎公约》关于驰名商标的特殊保护是对成员国商标权保护的最低要求

C.《巴黎公约》的国民待遇原则不适用于在我国海南省设有住所的非该公约缔约国国民

D. 对于在北京农展馆举行的农业产品国际博览会上展出的产品中可以取得专利的发明，我国给予临时保护

第58讲 《保护文学和艺术作品伯尔尼公约》（《伯尔尼公约》）

考点 92 ▶《伯尔尼公约》

166. 下列关于《伯尔尼公约》的表述，错误的有：（　　）

A.《伯尔尼公约》要求享有及行使依国民待遇所提供的有关权利时，需要履行一定的手续才予以保护

B.《伯尔尼公约》既保护作者的经济权利，又保护作者的精神权利

C.《伯尔尼公约》规定成员国必须保护的作品包括文学艺术作品、演绎作品以及实用艺术作品和日常新闻

D.《伯尔尼公约》是版权领域的国际公约，因此不能保护工业品外观设计

第59讲 《与贸易有关的知识产权协议》（TRIPs）

考点 93 ▶《与贸易有关的知识产权协议》（TRIPs）

167.《与贸易有关的知识产权协议》（TRIPs）是关贸总协定乌拉圭回合谈判的

文件之一，于1995年1月1日起生效。关于TRIPs的特点，下列说法正确的是：（ ）

A. 首次将最惠国待遇原则引入知识产权的国际保护领域

B. 《巴黎公约》《伯尔尼公约》等公约涉及知识产权执法措施的规定很少，但是TRIPs专门规定了知识产权执法的内容，要求成员采取更为严格的知识产权执法措施

C. 与《巴黎公约》相比，TRIPs扩大了对驰名商标的特殊保护。一方面，《巴黎公约》关于驰名商标的保护原则被TRIPs扩大适用于服务标记；另一方面，TRIPs将绝对保护变为相对保护

D. TRIPs将《关于集成电路的知识产权条约》的全部实体性规定纳入，成为世贸成员必须给予知识产权保护的最低标准

第60讲　技术转让法

考点94　技术转让法

168. 下列各项有关国际许可证协议的表述，正确的有：（ ）

A. 排他许可证协议是指在同一地区内，排斥除许可方外的一切人对协议规定的技术的使用权的协议

B. 以使用专利权为内容的国际许可证协议，不必订立保密条款；以使用专有技术为内容的国际许可证协议，应订立保密条款

C. 联合国贸易和发展会议拟定的《国际技术转让行动守则》已生效

D. 根据我国《技术进出口管理条例》的规定，在任何情况下，技术引进合同的主要内容中一律不得含有限制性条款

答案及解析

165. [答案] AC

[解析] 《巴黎公约》是保护工业产权的重要的世界性公约。该公约确定的优先权制度，并不是对一切工业产权均适用，而是只适用于发明专利、实用新型、外观设计和商品商标。因此，A错误。

《巴黎公约》关于驰名商标的保护规定不是对成员国商标保护的最高要求，而是最低要求。因此，B 正确。

《巴黎公约》的国民待遇原则适用的范围，不仅包括公约缔约国的国民，也包括在缔约国设有住所的非缔约国国民。因此，C 错误。

《巴黎公约》要求缔约国对在本国内举办的国际展览会上展出的商品中可以获得专利的发明给予临时性保护。我国是公约的缔约国，有义务遵守公约的规定。因此，D 正确。

综上，本题 AC 当选。

解题要领

（1）《巴黎公约》的优先权原则适用于发明专利、实用新型、外观设计和商品商标；

（2）《巴黎公约》的最低保护原则、国民待遇原则、临时保护原则。

166. [答案] ACD

[解析]《伯尔尼公约》采用的是自动保护原则。因此，A 错误。

《伯尔尼公约》既保护作者的经济权利又保护作者的精神权利。因此，B 正确。

日常新闻不属于公约必须保护的作品范围。因此，C 错误。

虽然《伯尔尼公约》是版权领域的国际公约，但是工业品外观设计如果体现的是版权性质，则《伯尔尼公约》也可以保护。因此，D 错误。

综上，本题 ACD 当选。

解题要领

（1）《伯尔尼公约》的自动保护原则；

（2）《伯尔尼公约》保护两项精神权利：作者署名权和保护作品完整权；

（3）《伯尔尼公约》必须保护的作品的范围。

167. [答案] ABD

[解析] C 错在 TRIPs 是把驰名商标的相对保护变为绝对保护，其余选项均正确。

综上，本题 ABD 当选。

解题要领

（1）TRIPs 是世界贸易组织下的协议，所以世贸组织的最惠国待遇原则也适用于 TRIPs；

（2）TRIPs 规定了多种知识产权执法手段；

（3）TRIPs 把对驰名商标的保护由相对保护扩大为绝对保护，并且适用于服务标记；

（4）TRIPs 纳入了现有知识产权领域公约的很多内容，但删除了《伯尔尼公约》中对两项精神权利的保护。

168. [答案] AB

[解析] 排他许可证协议是指在同一地区内，排斥除许可方外的一切人对协议规定的技术的使用权的协议。因此，A 正确。

"以使用专利权为内容的国际许可证协议"中由于已经有专利相关法律的保护，所以无需订立保密条款，而"以使用专有技术为内容的国际许可证协议"应当订立保密条款。因此，B 正确。

《国际技术转让行动守则》仍属于草案，尚未生效。因此，C 错误。

《技术进出口管理条例》与 1985 年《技术引进合同管理条例》（现已失效）相比，取消了两项限制："双方交换改进技术的条件不对等""禁止受方在合同期满后，继续使用引进的技术"。此两项限制不必由国家法律进行限制，应尊重当事人的选择。因此，D 错误。

综上，本题 AB 当选。

[解题要领]

（1）注意独占许可与排他许可的区别。

（2）以使用专利权为内容的国际许可证协议，不必订立保密条款；以使用专有技术为内容的国际许可证协议，必须订立保密条款。

（3）《国际技术转让行动守则》尚未生效。

（4）根据《技术进出口管理条例》的规定，"双方交换改进技术的条件不对等""禁止受方在合同期满后，继续使用引进的技术"这两个条款可以在合同中约定。

专题 16 国际投资法

国际投资法
- MIGA
  - 性质 — 承保险别
    - ①货币汇兑
    - ②征收和类似措施
    - ③政府违约
    - ④战争与内乱
    - ⑤其他非商业风险
  - 合格投资者：自然人、法人、东道国的自然人和法人
  - 合格投资：性质、类别、时间
  - 合格东道国
  - 代位求偿
- ICSID
  - 行使管辖权的条件
    - ①争端性质：直接投资
    - ②争端主体
    - ③主观条件：书面协议
    - ④东道国政府有权要求用尽当地救济
  - 行使管辖权的后果
    - ①对仲裁的同意不得单方撤销，仲裁裁决具有终局性的法律约束力
    - ②仲裁期间投资者母国不得进行外交保护（除非东道国政府拒绝中心的裁决）

第61讲 《多边投资担保机构公约》（MIGA公约）

考点 95 ▶《多边投资担保机构公约》（MIGA公约）

169. 关于多边投资担保机构（MIGA），根据《多边投资担保机构公约》的规定，下列哪些说法是错误的？（　　）

　　A. MIGA承保的险别包括征收和类似措施险、战争和内乱险、货币汇兑险和政府违约险等

　　B. 作为MIGA合格投资者（投保人）的法人，只能是具有东道国以外任何一个缔约国国籍的法人

　　C. 向MIGA投保的投资者必须来自发达国家

　　D. MIGA承保的前提条件是投资者母国和东道国之间有双边投资保护协定

170. 甲、乙、丙三国都是《多边投资担保机构公约》的会员国，其中甲国为发达国家，乙、丙两国为发展中国家。以下投资者中，依据公约的规定，不能够被多边投资担保机构承保的是：（　　）

　　A. 甲国国民独资在乙国建立的外资公司

　　B. 甲、乙、丙三国国民在丙国建立的具有法人资格的合伙企业，其中丙国国民的出资占企业总资本的30%

　　C. 甲国国民与乙国国民合资的公司在丙国进行的投资

　　D. A公司在乙国注册并在丙国设有主要营业点，其在甲国的投资

第62讲 《关于解决国家和他国国民之间投资争端公约》（ICSID）

考点 96 ▶《关于解决国家和他国国民之间投资争端公约》（ICSID）

171. 根据《关于解决国家和他国国民之间投资争端公约》成立的解决投资争端国际中心，该中心管辖权的条件中不包括：（　　）

　　A. 受理的争端限于缔约国政府（东道国）与另一缔约国国民（外国投资者）的争端。在争端双方均同意的情况下，也受理东道国和受外国投资者控制

的东道国法人之间的争端

B. 受理的争端必须是因国际直接投资而引起的法律争端

C. 争端双方须出具同意中心管辖权的书面文件

D. 提交"中心"的管辖，要求投资者必须用尽东道国的司法和行政救济

172. 甲、乙两国均为《关于解决国家和他国国民之间投资争端公约》和《多边投资担保机构公约》的缔约国。2010年甲国公民A在发展中国家乙国投资成立一家公司，成立之前向多边投资担保机构投保了货币汇兑险、征收和类似措施险。后A又与乙国签订协议将争议提交"解决国际投资争端中心"（ICSID）仲裁。2011年12月，乙国依据国内法对A的公司实行国有化。根据该两个公约的规定，下列选项中错误的是：（ ）

A. A有权要求多边投资担保机构赔偿

B. 多边投资担保机构赔偿A后，可以代位取得向乙国的求偿权

C. 该项争议可以提交到"解决国际投资争端中心"进行仲裁，且任何情况下，投资者本国都不得再进行外交保护

D. 作出的仲裁裁决要乙国承认后才能生效

答案及解析

169. [答案] BCD

[解析] MIGA只承保政治风险，不承保商业风险。因此，A正确。

作为MIGA合格投资者的法人一般是东道国以外的法人，但满足一定条件时，也可以扩大到东道国的自然人或法人。因此，B错误。

合格东道国必须是发展中国家，但投资者可以来自发展中国家或发达国家。因此，C错误。

MIGA承保的前提条件是投资者母国和东道国均加入MIGA。因此，D错误。

综上，本题BCD当选。

[解题要领]

MIGA对承保风险的种类、合格投资者、合格东道国等的规定。

170. [答案] D

[解析] 根据《多边投资担保机构公约》第13条的规定，对于前来投保的跨国投资者，必须符合以下条件之一：①该自然人为东道国以外一会员国国民；②该法人在一会员国注册并在该会员国设有主要业务点，或其多数资本为一会员国或几个会员国或其国民所有，在上述任何情况下，该会员国必须不是东道国；③只要东道国同意，且用于投资的资本来自东道国境外，则根据投资者和东道国的联合申请，经多边投资担保机构董事会特别多数票通过，还可将合格投资者扩大到东道国的自然人、在东道国注册的法人以及其多数资本为东道国国民所有的法人。另外，只有向发展中国家会员国的跨国投资才有资格向多边投资担保机构申请投保。D是向发达国家进行的投资，因此不能被多边投资担保机构承保。

综上，本题 D 当选。

[解题要领]

（1）MIGA 中的合格投资者一般是东道国以外的自然人和法人，但满足一定条件，可以扩大到东道国的自然人和法人；

（2）MIGA 中的合格东道国只能是发展中国家。

171. [答案] D

[解析] 提交中心仲裁的投资争端必须符合《关于解决国家和他国国民之间投资争端公约》规定的下列条件：①对争端主体的要求：争议当事人一方必须是缔约国政府（东道国）或者其公共机构或实体，另一方是缔约国国民（外国投资者），包括自然人、法人及其他经济实体；②争端性质要求：依该公约第25条第1款的规定，中心的管辖权适用于一缔约国和另一缔约国国民之间"直接因投资而产生的任何法律争端"；③主观要求：依该公约的规定，中心仅对争端双方书面同意提交给 ICSID 裁决的争端有管辖权。因此，D 不包括在内。

综上，本题 D 当选。

[解题要领]

特别注意《关于解决国家和他国国民之间投资争端公约》中对"用尽当地救济原则"的规定。该公约规定，东道国政府要求用尽当地救济的才需要用尽，不要求的，可以不用尽当地救济。

172. [答案] CD

[解析] 根据《关于解决国家和他国国民之间投资争端公约》第27条第1款的规定，提交中心管辖后，投资者本国不得再进行外交保护，除非东道国政府拒绝履行中心的裁决。因此，C错误。

中心作出的裁决一裁终局，无需得到乙国承认。因此，D错误。

综上，本题CD当选。

[解题要领]

熟悉《关于解决国家和他国国民之间投资争端公约》的相关考点。

专题 17 国际融资法与国际税法

国际融资担保与国际税法

国际融资担保

- **国际融资担保**：①见索即付的保证；②备用信用证；③意愿书或安慰函；④浮动抵押

- **独立保函的司法解释**（统一了国际国内独立保函的交易规则）
  - 定义
    - 性质：独立性、跟单性
    - 开立
  - 认定要件
    - 前提：载明据以付款的单据和最高金额+以下任何一个条件
    - ①载明见索即付（核心特征）；②载明适用独立保函交易示范规则；③开立人付款义务的相对独立性
  - 效力
    - 生效：①一经开立立即生效，但独立保函载明生效日期或事件的除外；②未载明可撤销，开立后不可撤销
    - 终止
  - 单据审查：单单、单函表面相符，承担付款责任，但欺诈例外
    - 保函欺诈情形：串通虚构交易基础等
  - 救济方式
    - 申请构成止付：①证据证明欺诈有高度可能性；②情况紧急，可能造成难以弥补的损失；③申请人提供担保；④开立人善意付款前
    - 止付申请程序：①作出裁定：受理后48小时内；②执行裁定：裁定止付的立即执行；③解除裁定：止付裁定作出后30日内未提起诉讼或申请仲裁；④止付异议：申请复议

国际税法

- **居民税收管辖权与来源地税收管辖权**
  - 居民税收管辖权——境内外所得——居民：①自然人居民身份的认定；②法人居民身份的认定
  - 所得来源地税收管辖权：营业所得、劳务所得、投资所得、财产所得

- **国际双重征税及解决**
  - ①国际重复征税：同一纳税人+同一税种
  - ②国际重叠征税：不同纳税人+不同税种

- **国际逃税、避税及防止**
  - 国际逃税：隐匿财产和所得、不报纳税材料、谎报所得、虚构扣除、伪造账册和收支凭证等 —— 违法
  - 国际避税：纳税主体的跨国移动；转移定价；不合理分摊成本和费用；避税港设立基地公司 —— 不违法但不道德
  - 共同申报准则（CRS）
    - 目的：遏制跨境逃税，进行有效国际合作 时间表
    - CRS与双边协定中情报交换条款的区别：CRS是自动的，无需提供理由的信息交换
    - CRS涵盖的信息源：海外金融机构、资产信息、个人信息 CRS识别依据
    - 不受CRS影响或影响较小的情形：25万美金以下、不产生现金流的资产

第63讲 国际融资担保

考点 97 ▶ 国际融资担保

173. 关于国际商业银团贷款的法律文件，下列说法正确的有：（　　）

A. 借款人给牵头银行的委托书是银团贷款的主要法律文件之一。借款人一旦签发委托书，就要受委托书的约束

B. 委托书是银团贷款法律文件。借款人与银团签订贷款合同前，首先向银团中的牵头银行出具委托书，授权牵头银行为其安排银团贷款

C. 在国际商业银团贷款中，借款人委托书可以同时授予几个银行

D. 借款信息备忘录由牵头银行分发给可能参加银团贷款的银行，是贷款银行考虑是否参加银团贷款的重要依据

174. 世界银行集团包括国际复兴开发银行、国际开发协会和国际金融公司，下列关于它们各自职能的表述，正确的有：（　　）

A. 国际复兴开发银行主要向发展中国家提供中、长期贷款

B. 国际开发协会负责向低收入的发展中国家提供长期无息优惠贷款

C. 国际金融公司负责向发展中国家的政府提供贷款

D. 国际金融公司负责向发展中国家的私人企业提供贷款

175. 根据最高人民法院《关于审理独立保函纠纷案件若干问题的规定》的规定，以下说法正确的是：（　　）

A. 独立保函的开立人可以是银行、非银行金融机构，也可以是自然人、法人

B. 开立人审查完基础合同后，方履行保函责任

C. 独立保函中必须载明开立人付款的最高金额

D. 该司法解释只能适用于有涉外因素的独立保函

第64讲 国际税法

考点 98 ▶ 国际税法

176. 2020年9月1日，美国夫妇杰克与玛丽来华。杰克开了家牙科诊所，玛丽

在一所民办大学任英语教师。2021年10月3日，因他们的儿子突患重病临时决定返回美国。杰克关闭诊所，玛丽辞去工作。关于夫妇俩在中国期间所得收入的征税情况，下列选项正确的是：（   ）

A. 杰克在华期间所得的收入为独立个人劳务所得，应由美国课税
B. 杰克在华期间所得的收入均应向中国缴纳个人所得税
C. 玛丽在华期间所取得的收入为非独立个人劳务所得
D. 玛丽在华期间所取得的收入均应向中国缴纳个人所得税

177. 在国际税法中，对于自然人居民身份的认定各国有不同标准。下列哪些属于判断自然人纳税居民身份的标准？（   ）

A. 依自然人住所标准判断
B. 依自然人居所标准判断
C. 依自然人居留时间标准判断
D. 依自然人国籍标准判断

178. 美国某公司为躲避本国的所得税，将其年度利润的70%转移到世界著名的自由港巴哈马群岛的某一信托公司。巴哈马群岛的税率要比美国低35%~50%，这样就使该公司每年可以有效地躲避300~470万美元的税款。对该公司的行为应如何认定？（   ）

A. 该公司的行为属于国际逃税行为
B. 该公司的行为属于国际避税行为
C. 该公司是通过转移定价的方式进行的
D. 该公司是通过利用避税港的方式进行的

179. 为了打击跨境逃税，2014年，经合组织（OECD）发布了《金融账户信息自动交换标准》，标准中即包含"共同申报准则"（CRS）。根据该准则的规定，下列说法不正确的是：（   ）

A. CRS中的情报交换是依申请进行的，申请时需要提供涉税的证明材料
B. CRS仅依户口持有人的国籍作为识别依据
C. 境外税务居民所控制的公司拥有的所有金融账户均需进行申报
D. 不产生现金流的资产如海外房产、珠宝、艺术品、贵金属等不需要申报

答案及解析

173. [答案] ABD

[解析] 借款人给牵头银行的委托书是银团贷款的主要法律文件之一。借款人一旦签发委托书，就要受委托书的约束。所以，委托书是银团贷款法律文件。借款人与银团签订贷款合同前，首先向银团中的牵头银行出具委托书，授权牵头银行为其安排银团贷款。委托书具有排他性，只能授予一个牵头银行，不能同时授予几个银行。因此，AB正确，C错误。

借款信息备忘录，又称情况备忘录，是牵头银行分发给可能参加银团贷款的银行，邀请其参加银团贷款的一份重要法律文件。该文件所涉及的法律问题是：对借款人业务保密的义务，对银团成员提供准确、完整和真实情况的义务，以及牵头银行与银团贷款利益冲突披露的义务。信息备忘录应记载借款人的法律地位、财务状况以及主要贷款条件等内容，是贷款银行考虑是否参加银团贷款的重要依据。因此，D正确。

综上，本题ABD当选。

[解题要领]

银团贷款中借款人给牵头银行的委托书的法律性质及具体规定。

174. [答案] ABD

[解析] 国际复兴开发银行主要向发展中国家提供中、长期贷款；国际开发协会负责向低收入的发展中国家提供长期无息优惠贷款；国际金融公司负责向发展中国家的私人企业提供贷款。因此，ABD正确，C错误。

综上，本题ABD当选。

[解题要领]

注意区分国际复兴开发银行、国际开发协会和国际金融公司的不同职能。

175. [答案] C

[解析] 独立保函的开立人只能是银行或非银行金融机构。因此，A错误。

根据独立保函的独立性和跟单性可知，B错误。

独立保函的认定因素中有两个必备因素：开立人付款的最高金额和据

以付款的单据。因此，C 正确。

该司法解释可以适用于没有涉外因素的独立保函。因此，D 错误。

综上，本题 C 当选。

解题要领

独立保函的司法解释。

176. [答案] BCD

[解析] 个人非居民劳务所得包括个人独立劳务所得和非个人独立劳务所得。①个人独立劳务所得指个人独立从事独立性的专业活动所取得的收入。如医生、律师、会计师、工程师等从事独立活动取得的收入。确定独立劳务所得来源地的方式一般采用"固定基地原则"和"183 天规则"。前者指个人从事专业性活动的场所，如诊所、事务所等；后者指在境内停留的时间，即应以提供劳务的非居民某一会计年度在境内连续或累计停留达 183 天或在境内设有经营从事独立活动的固定基地为征税的前提条件。对独立的个人劳务所得，应仅由居住国行使征税权。但如取得独立劳务所得的个人在来源国设有固定基地或者连续或累计停留超过 183 天者，则应由来源国征税。②非个人独立劳务所得，即非居民受雇于他人的所得，一般由收入来源国一方从源征税。因此，BCD 正确，A 错误。

综上，本题 BCD 当选。

解题要领

（1）独立个人劳务所得，应仅由居住国行使征税权。但如取得独立劳务所得的个人在来源国设有固定基地或者连续或累计停留超过 183 天者，则应由来源国征税。

（2）非个人独立劳务所得，一般由收入来源国一方从源征税。

177. [答案] ABCD

[解析] 各国对自然人居民身份的认定有不同标准，主要有自然人住所标准、自然人居所标准、自然人居留时间标准、自然人国籍标准等。因此，ABCD 正确。

综上，本题 ABCD 当选。

解题要领

自然人居民身份认定的标准。

178. [答案] BD

[解析] 国际逃税，是指跨国纳税人为了逃避就其跨国所得应承担的纳税义务，所采取的违反国际税法的手段或措施。国际避税，是指跨国纳税人利用各国税法的差异以及国际税收协定的漏洞，以不违反税法的方式，避开就其跨国所得应承担的纳税义务的行为。国际逃税是非法的，纳税人一般通过非法手段来减轻或免除税赋；而国际避税则是纳税人利用各国税收规定上的差异，通过变换人员、现金等各种表面合法的手段，以减轻或免除税赋。本题中，该公司利用美国与巴哈马群岛的税率差额，通过转移利润的方式躲避税赋的行为属国际避税行为；巴哈马群岛对财产和所得按很低的税率征税，被该公司利用来躲避税赋是纳税人利用避税港的方式进行国际避税。

综上，本题 BD 当选。

[解题要领]

学会区分国际逃税和国际避税并将其应用到具体案例中。

179. [答案] ABC

[解析] CRS 是自动的、无须提供理由的信息交换。因此，A 错误。

CRS 是根据账户持有人税收居住地（而不仅仅依账户持有人的国籍）来作为识别依据。CRS 针对的是，你应该在哪个国家纳税，你的金融信息就会被发送到你应该纳税的国家。因此，B 错误。

不受 CRS 影响的：①境外税务居民所控制的公司拥有的金融账户在 25 万美元以下的；②不产生现金流的资产，如海外房产、珠宝、艺术品、贵金属等，不需要申报。因此，C 错误，D 正确。

综上，本题 ABC 当选。

[解题要领]

（1）CRS 是自动的、无须提供理由的信息交换；

（2）CRS 是根据账户持有人税收居住地（而不仅仅依账户持有人的国籍）来作为识别依据；

（3）境外税务居民所控制的公司拥有的金融账户在 25 万美元以下的，以及不产生现金流的资产，如海外房产、珠宝、艺术品、贵金属等，不需要申报。

专题18　国际经济法新领域与海商法

- 国际经济法新领域与海商法
  - 国际经济法新领域
    - "一带一路"倡议
      - 含义：丝绸之路经济带、21世纪海上丝绸之路
      - 中国首倡
      - 双边投资协定内容
      - 亚投行
    - SDR
      - 批准时间
      - 用途：偿还国际货币基金组织债务等
      - 货币：美、欧、英、日本、人民币
      - 入篮的后果和意义
    - 外商投资法
      - ①准入
      - ②鼓励和促进
      - ③保护
      - ④管理（准入前国民待遇、负面清单等）
      - ⑤负面清单之外的投资合同效力等
      - ⑥《外商投资安全审查办法》
    - 《区域全面经济伙伴关系协定》（RCEP）
  - 海商法
    - 船舶担保物权
      - 法定担保物权
        - 优先权：劳动、人身、港口规费、海难救助；侵权：1年时效
        - 留置权：限于船舶建造人、修船人
      - 约定担保物权
        - 抵押权：标的、登记效力、抵押权灭失

第65讲 国际经济法新领域

考点 99 ▶ **国际经济法新领域**

180. 根据2019年3月15日通过的《外商投资法》的规定，下列判断正确的是：（　　）

A. 该法明确对外商投资实行准入前国民待遇和负面清单管理制度

B. 负面清单模式指政府规定哪些经济领域开放，除了以清单形式列明的内容，其他行业、领域和经济活动都不予许可

C. 准入前国民待遇要求在外资进入阶段需逐案审批

D. 该法仅调整直接投资

第66讲 海商法

考点 100 ▶ **海商法**

181. 依照我国《海商法》的规定，下列哪些选项是正确的？（　　）

A. 承运人对非集装箱装运的货物的责任期间是从货物装上船起至卸下船止

B. 上海至大连的货物运输应当适用《海商法》

C. 上海至日本东京的货物运输应当适用《海商法》

D. 《海商法》与民法规定不同时，适用民法的规定

182. 关于船舶担保物权及针对船舶的请求权的表述，下列哪些选项是正确的？（　　）

A. 海难救助的救助款项给付请求，先于在船舶营运中发生的人身伤亡赔偿请求而受偿

B. 船舶在营运中因侵权行为产生的财产赔偿请求，先于船舶吨税、引航费等的缴付请求而受偿

C. 因保存、拍卖船舶和分配船舶价款产生的费用，应从船舶拍卖所得价款中先行拨付

D. 船舶优先权先于船舶留置权与船舶抵押权受偿

答案及解析

180. [答案] A

[解析]《外商投资法》中规定了准入前国民待遇和负面清单制度。因此，A正确。

负面清单指除了清单中列明的，其他都应予以开放。因此，B错误。

《外商投资法》取消了逐案审批制度。因此，C错误。

《外商投资法》既调整直接投资，也调整间接投资。因此，D错误。

综上，本题A当选。

[解题要领]

(1) 准入前国民待遇和负面清单制度；

(2)《外商投资法》调整直接投资和间接投资；

(3)《外商投资法》取消了逐案审批制度。

181. [答案] AC

[解析]《海商法》第46条第1款规定："承运人对集装箱装运的货物的责任期间，是指从装货港接收货物时起至卸货港交付货物时止，货物处于承运人掌管之下的全部期间。承运人对非集装箱装运的货物的责任期间，是指从货物装上船时起至卸下船时止，货物处于承运人掌管之下的全部期间。在承运人的责任期间，货物发生灭失或者损坏，除本节另有规定外，承运人应当负赔偿责任。"因此，A正确。

《海商法》第2条规定："本法所称海上运输，是指海上货物运输和海上旅客运输，包括海江之间、江海之间的直达运输。本法第四章海上货物运输合同的规定，不适用于中华人民共和国港口之间的海上货物运输。"因此，B错误，C正确。

《海商法》相对于民法是特别法，根据特别法优于普通法的原则，当《海商法》与民法规定不同时，应适用《海商法》的规定。因此，D错误。

综上，本题AC当选。

[解题要领]

(1)《海商法》规定的承运人承担责任的期间：集装箱货物是"接到

交"；非集装箱货物是"装到卸"。

(2)《海商法》不适用于我国港口之间的海上货物运输。

(3)《海商法》相对于民法属于特别法。

182. [答案] ACD

[解析] 根据《海商法》第22、23条的规定，海难救助先于前三项受偿。因此，A正确。其他依照顺序受偿，所以船舶在营运中因侵权行为产生的财产赔偿请求，应"后于"船舶吨税、引航费等的缴付请求而受偿。因此，B错误。

根据《海商法》第24条的规定，因行使船舶优先权产生的诉讼费用，保存、拍卖船舶和分配船舶价款产生的费用，以及为海事请求人的共同利益而支付的其他费用，应当从船舶拍卖所得价款中先行拨付。因此，C正确。

根据《海商法》第25条第1款的规定，受偿顺序为：①船舶优先权；②船舶留置权；③船舶抵押权。因此，D正确。

综上，本题ACD当选。

[解题要领]

(1) 海难救助不论先发生还是后发生，均优先受偿；

(2) 人身性质的请求优于财产性质的请求；

(3) 每一个案件对于优先权的请求中，并非每一个优先权的请求都存在；

(4) 受偿顺序为：船舶优先权→船舶留置权→船舶抵押权。

答案速查表

题号	答案	题号	答案	题号	答案
1	BC	28	D	55	ABC
2	ABCD	29	ABC	56	ABD
3	B	30	AB	57	AC
4	BCD	31	BC	58	C
5	ABD	32	BD	59	AB
6	ABCD	33	C	60	D
7	BC	34	AD	61	A
8	D	35	BCD	62	A
9	D	36	AD	63	BC
10	ABCD	37	CD	64	C
11	D	38	D	65	AD
12	ACD	39	B	66	B
13	BC	40	ABCD	67	BD
14	ABCD	41	A	68	B
15	A	42	AB	69	ACD
16	C	43	B	70	ABC
17	ACD	44	ABD	71	ABCD
18	BCD	45	A	72	ABD
19	AC	46	BC	73	D
20	ABCD	47	BCD	74	A
21	ABCD	48	A	75	C
22	BD	49	AB	76	AC
23	ABC	50	BCD	77	BD
24	ACD	51	AB	78	ACD
25	CD	52	AD	79	AD
26	C	53	D	80	AD
27	AC	54	BCD	81	ACD

题号	答案	题号	答案	题号	答案
82	ACD	116	ABC	150	ABCD
83	ABC	117	ABC	151	C
84	C	118	ABC	152	AD
85	AC	119	AD	153	B
86	C	120	BC	154	ABC
87	C	121	BCD	155	ABCD
88	C	122	ABD	156	BCD
89	C	123	C	157	D
90	C	124	D	158	ACD
91	C	125	BC	159	BCD
92	A	126	ABC	160	BC
93	BCD	127	BD	161	ABCD
94	AD	128	ABD	162	ABCD
95	ABC	129	AD	163	AD
96	D	130	B	164	AC
97	B	131	ABC	165	AC
98	AC	132	A	166	ACD
99	ACD	133	ABC	167	ABD
100	C	134	BCD	168	AB
101	ACD	135	ACD	169	BCD
102	BD	136	C	170	D
103	C	137	D	171	D
104	ACD	138	A	172	CD
105	AB	139	C	173	ABD
106	ACD	140	BC	174	ABD
107	BCD	141	A	175	C
108	AD	142	D	176	BCD
109	AB	143	D	177	ABCD
110	BD	144	ABC	178	BD
111	D	145	D	179	ABC
112	B	146	A	180	A
113	BCD	147	ABD	181	AC
114	ABCD	148	ACD	182	ACD
115	ABCD	149	ABD		

声　明	1. 版权所有，侵权必究。
	2. 如有缺页、倒装问题，由出版社负责退换。

图书在版编目（CIP）数据

国家法律职业资格考试金题串讲.三国法/殷敏编著.—北京：中国政法大学出版社，2023.7
ISBN 978-7-5764-0986-4

Ⅰ.①国… Ⅱ.①殷… Ⅲ.①国际法－资格考试－自学参考资料②国际私法－资格考试－自学参考资料③国际经济法－资格考试－自学参考资料 Ⅳ.①D920.4

中国国家版本馆CIP数据核字(2023)第124609号

出 版 者	中国政法大学出版社
地　　址	北京市海淀区西土城路25号
邮寄地址	北京100088 信箱8034分箱　邮编100088
网　　址	http://www.cuplpress.com（网络实名：中国政法大学出版社）
电　　话	010-58908285(总编室) 58908433（编辑部）58908334(邮购部)
承　　印	三河市华润印刷有限公司
开　　本	787mm×1092mm　1/16
印　　张	12.5
字　　数	260千字
版　　次	2023年7月第1版
印　　次	2023年7月第1次印刷
定　　价	51.00元

厚大法考（北京）2023年客观题面授教学计划

班次名称		授课时间	标准学费（元）	阶段优惠(元) 7.10 前	备注
暑期系列	暑期主客一体班	7.10~主观题（主客一体）	13800	主客一体，无优惠。2023年客观题成绩合格，凭成绩单上主观题短训班；客观题未通过，免费读2024年暑期全程班B班。	本班次配套图书及随堂内部讲义
暑期系列	暑期全程班A班	7.10~主观题（主客一体）	18800	主客一体，协议保障。2023年客观题成绩合格，凭成绩单上主观题短训班；客观题未通过，退12000元。座位指定区域、督促辅导、定期抽背纠偏、心理疏导。	本班次配套图书及随堂内部讲义
暑期系列	暑期全程班B班	7.10~8.31	13800	8880	本班次配套图书及随堂内部讲义
冲刺系列	点睛冲刺班	8.22~8.31	6680	3380	本班次配套图书及随堂内部讲义

其他优惠：
1. 多人报名可在优惠价格基础上再享团报优惠：3人（含）以上报名，每人优惠200元；5人（含）以上报名，每人优惠300元；8人（含）以上报名，每人优惠500元。
2. 厚大面授老学员报名高端系列班次（协议班次除外），可享受1000元优惠；报名暑期系列和周末系列（协议班次除外），可享受500元优惠。

厚大法考（北京）2023年二战主观题教学计划

班次名称	授课时间	标准学费（元）	授课方式	阶段优惠(元) 7.10 前	阶段优惠(元) 8.10 前	配套资料
主观旗舰A班	6.6~10.10	56800	网授+面授	2022年主观题分数≥90分的学员，2023年未通过，全额退费；≤89分的学员，2023年未通过，退46800元。		本班配套图书及内部讲义
主观旗舰B班	6.6~10.10	36800	网授+面授	已开课		本班配套图书及内部讲义
主观集训A班	7.15~10.10	46800	面授	2022年主观题分数≥90分的学员，2023年未通过，全额退费；≤89分的学员，2023年未通过，退36800元。		本班配套图书及内部讲义
主观集训B班	7.15~10.10	26800	面授	18800	19800	本班配套图书及内部讲义
主观特训A班	8.15~10.10	36800	面授	2022年主观题分数≥90分的学员，2023年未通过，全额退费；≤89分的学员，2023年未通过，退26800元。		本班配套图书及内部讲义
主观特训B班	8.15~10.10	19800	面授	14800	15800	本班配套图书及内部讲义

其他优惠：
1. 3人（含）以上团报，每人优惠300元；5人（含）以上团报，每人优惠500元。
2. 厚大老学员在阶段优惠基础上再优惠500元，不再适用团报政策。
3. 协议班次无优惠，不适用以上政策。

【总部及北京分校】北京市海淀区花园东路15号旷怡大厦10层　　电话咨询：4009-900-600-转1-再转1

二战主观面授咨询　　　　厚大法考服务号

厚大法考(上海/南京/杭州)2023年客观题面授教学计划

班次名称		授课时间	标准学费(元)	阶段优惠(元)		备注
				7.10前	8.10前	
暑期系列	暑期主客一体尊享班	7.9~主观题考前	21800	主客一体,签订协议,无优惠。座位前三排,专属辅导。2023年客观题成绩合格,凭成绩单上主观题决胜班(赠送专属辅导,一对一批阅);2023年客观题意外未通过,退10000元。		本班配套图书及内部资料
	暑期主客一体班	7.9~主观题考前	13800	主客一体,签订协议,无优惠。2023年客观题成绩合格,凭成绩单上主观题决胜班;2023年客观题意外未通过,退8000元。		
	暑期VIP班	7.9~9.5	13800	无优惠。座位前三排,专属辅导。		
	暑期全程班	7.9~9.5	11800	9980	已开课	
	暑期精英班	7.9~8.25	8980	7980	已开课	
	暑期大二长训班	7.9~9.5(2023年)	15800	10980	已开课	1年学费读2年,本班次只针对在校法本大二学生
		7.9~9.5(2024年)				
冲刺系列	点睛冲刺班	8.26~9.5	4580	3980	4280	本班内部资料

其他优惠:

1. 多人报名可在优惠价格基础上再享团报优惠(协议班次除外):3人(含)以上报名,每人优惠200元;5人(含)以上报名,每人优惠300元;8人(含)以上报名,每人优惠500元。
2. 厚大面授老学员报名(3月10日前)再享9折优惠(协议班次除外)。

备注:部分面授班次时间将根据2023年司法部公布的客观题考试时间进行微调。

【上海松江教学基地】上海市松江大学城文汇路1128弄双创集聚区3楼301室　咨询热线:021-67663517
【上海办公室】上海市静安区汉中路158号汉中广场1204室　咨询热线:021-60730859
【南京分校】江苏省南京市江宁区宏运大道1890号厚大法考南京教学基地　咨询热线:025-84721211
【杭州分校】浙江省杭州市钱塘区二号大街515号智慧谷1009室　咨询热线:0571-28187005

厚大法考APP　　　厚大法考官博　　　上海厚大法考官博　　　南京厚大法考官博　　　杭州厚大法考官博

厚大法考(华南)2024年客观题面授教学计划

班次名称		授课时间	标准学费(元)	阶段优惠(元)						配套资料
				10.10前	11.10前	12.10前	1.10前	2.10前	3.10前	
至尊系列（全日制）	主客一体至尊私塾班	随报随学直至通关	177000	协议班次无优惠。自报名之日至通关之时，学员全程、全方位享受厚大专业服务、私人定制、讲师私教、课前一对一专属辅导、大班面授、多轮次、高效率系统学习，主客一体；送住宿二人间，当年通过法考奖励2万元。						理论卷8本、真题卷8本、119必背8本、法考特训集、随堂讲义等
	主客一体至尊VIP班	4.10~9.1	157000	协议班次无优惠。2024年客观题未通过，学费全退；2024年主观题未通过，学费退一半。享至尊VIP班专属辅导。						
	至尊班	4.10~9.1	76800	48000	50000		55000		60000	
				若2024年客观题未通过，免学费重读第二年客观题大成长训班；若2024年客观题通过，赠送2024年主观短训班。						
大成系列（全日制）	大成长训班	4.10~9.1	38800	23800	24800	25800	26800	28800	30800	理论卷8本、真题卷8本、119必背8本、随堂讲义
	主客一体长训班	4.10~9.1	38800	若2024年客观题未通过，免学费重读第二年客观题大成集训班；若2024年客观题通过，赠送2024年主观短训班。						
	大成集训班	5.18~9.1	28800	15800	16800	17800	18800	19800	20800	
	主客一体集训班	5.18~9.1	28800	若2024年客观题未通过，免学费重读第二年客观题大成集训班；若2024年客观题通过，赠送2024年主观衔接班。						
暑期系列	暑期全程班	7.8~9.1	13800	7800	8000	8300	8500	8800	9000	
	暑期主客一体冲关班	7.8~9.1	16800	若2024年客观题未通过，免学费重读第二年客观题暑期全程班；若2024年客观题通过，赠送2024年主观密训营。						
	私塾班	3.16~6.30 / 7.8~9.1	18800	12500	13000	13300	13500	13800	14000	
周末系列	周末精英班	3.16~8.18	8980	7280	7580	7880	8180	8480	8780	
	周末全程班	3.16~9.1	15800	8800	9300	9600	9800	10200	10500	
	周末主客一体冲关班	3.16~9.1	16800	若2024年客观题未通过，免学费重读第二年客观题周末精英班；若2024年客观题通过，赠送2024年主观密训营。						
冲刺系列	点睛冲刺班	8.24~9.1	4980	4080						随堂讲义

其他优惠：详询工作人员

【广州分校】广东省广州市海珠区新港东路1088号中洲交易中心六元素体验天地1207室
咨询热线：020-87595663　020-85588201

【深圳分校】广东省深圳市罗湖区滨河路1011号深城投中心7楼717室　咨询热线：0755-22231961

【成都分校】四川省成都市成华区锦绣大道5547号梦魔方广场1栋1318室　咨询热线：028-83533213

新浪微博@广州厚大法考面授　　　成都厚大法考官微

厚大法考(郑州)2023年客观题面授教学计划

班次名称		授课模式	授课时间	标准学费(元)	阶段优惠(元) 7.10 前	备注
暑期系列	暑期主客一体班	全日制	7.10~主观题	13800	主客一体，无优惠。2023年客观题成绩合格，凭成绩单上主观题短训班；客观题未通过，免费读2024年暑期全程班B模式。	配备本班次配套图书及随堂内部资料
	暑期全程班A模式	全日制	7.10~主观题	18800	主客一体，协议保障。小组辅导、定期抽背纠偏、答疑、心理疏导、前排座位。2023年客观题成绩合格，凭成绩单上主观题短训班；客观题未通过，退12000元。	
	暑期全程班B模式	暑期	7.10~8.31	11800	8880	
	暑期系统强化	暑期	7.10~8.18	9880	7880	
冲刺系列	考前密训冲刺班	全日制	8.22~8.31	4580	3580	

厚大法考(郑州)2023年二战主观题教学计划

班次名称		授课时间	标准学费(元)	授课方式	阶段优惠(元) 7.10 前	阶段优惠(元) 8.10 前	配套资料
大成系列	主观集训A班	7.20~10.10	36800	网授+面授	2022年主观题分数≥90分的学员，若2023年主观题未通过，全额退费；2022年主观题分数≤89分的学员，若2023年主观题未通过，退26800元。一对一批改服务、班班督学、一对一诊断学情、针对性提升、课程全面升级。		配备本班次配套图书及随堂内部资料
	主观集训B班	7.20~10.10	29800	网授+面授	11300	已开课	
	主观特训A班	8.20~10.10	31800	网授+面授	协议保障，若2023年主观题未通过，退21800元。一对一批改服务、班班督学、一对一诊断学情、针对性提升、课程全面升级。		
	主观特训B班	8.20~10.10	25800	网授+面授	9800	10300	

其他优惠：

1. 多人报名可在优惠价格基础上再享团报优惠：3人（含）以上报名，每人优惠180元；5人（含）以上报名，每人优惠280元。
2. 厚大面授老学员在阶段优惠价格基础上再优惠500元，不再享受其他优惠，冲刺班次和协议班次除外。

【郑州分校地址】河南省郑州市龙湖镇（南大学城）泰山路与107国道交叉口向东50米路南厚大教学
咨询电话：杨老师 17303862226 李老师 19939507026 姚老师 19939507028

| 厚大法考APP | 厚大法考官微 | 厚大法考官博 | QQ群：712764709 | 郑州厚大官博 | 郑州厚大官微 |

厚大法考(上海)2023年主观题面授教学计划

班次名称		授课时间	标准学费(元)	阶段优惠(元)		备注
				7.10 前	8.10 前	
至尊系列	九五至尊班	5.22~10.12	199000（专属自习室）	①协议班次无优惠,订立合同；②2023年主观题考试过关,奖励30000元；③2023年主观题考试未过关,全额退还学费,再返30000元；④资深专业讲师博导式一对一辅导。		
			99000（专属自习室）	①协议班次无优惠,订立合同；②2023年主观题考试未过关,全额退还学费；③资深专业讲师博导式一对一辅导。		
	主观尊享班		45800（专属自习室）	已开课		
	主观至尊班	6.25~10.12	39800（专属自习室）	40000	已开课	
大成系列	主观长训班	6.25~10.12	32800	28800	已开课	本班配套图书及内部资料
	主观集训 VIP 班	7.20~10.12	25800	①专属辅导,一对一批阅；②赠送专属自习室。		
	主观集训班 A 模式			21800	23800	
	主观集训班 B 模式			①协议班次无优惠,订立合同；②2023年主观题考试未过关,退15800元。		
	主观特训班	8.20~10.12	22800	18800	19800	
	主观高效提分 VIP 班	9.3~10.12	18800	①专属辅导,一对一批阅；②赠送专属自习室。		
	主观高效提分班 A 模式			16800	17800	
	主观高效提分班 B 模式			①协议班次无优惠,订立合同；②2023年主观题考试未过关,退10000元。		
冲刺系列	主观短训班	9.20~10.12	13800	9800	10800	
	主观短训 VIP 班			①专属辅导,一对一批阅；②赠送专属自习室。		
	主观决胜班	9.25~10.12	12800	7800	8800	
	主观决胜 VIP 班			①专属辅导,一对一批阅；②赠送专属自习室。		
	主观点睛冲刺班	10.5~10.12	6800	4580	4980	

其他优惠：

1. 多人报名可在优惠价格基础上再享团报优惠：3人（含）以上报名，每人优惠200元；5人（含）以上报名，每人优惠300元；8人（含）以上报名，每人优惠500元。
2. 厚大面授老学员报名再享9折优惠。

PS：课程时间将根据2023年司法部公布的考试时间作相应调整。

【松江教学基地】上海市松江大学城文汇路1128弄双创集聚区3楼301室　咨询热线：021-67663517
【市区办公室】上海市静安区汉中路158号汉中广场1204室　咨询热线：021-60730859

厚大法考 APP　　厚大法考官博　　上海厚大法考官博　　上海厚大法考官微

厚大法考(广州)2023年主观题面授教学计划

班次名称		授课时间	标准学费(元)	阶段优惠(元)			配套资料
				7.10前	8.10前	9.10前	
全日制脱产系列	主观集训班	7.8~10.7	30800	18800	20800	——	二战主观题资料包(考点清单、沙盘推演、万能金句电子版)+课堂内部讲义
	主观暑期班	7.8~9.3	20800	11800	12800	——	
	主观特训班	8.10~10.7	23800	14800	15800	16800	
周末在职系列	主观周末全程班(视频+面授)	5.6~10.7	20800	已开课			
	主观周末特训班	8.5~10.7	16800	12300	12800	13800	
冲刺系列	主观短训班	9.18~10.7	19800	10300	10800		沙盘推演+万能金句电子版+课堂内部讲义
	主观衔接班	9.25~10.7	14800	8000	9000		课堂内部讲义
	主观密训营	10.1~10.7	11800	5500	6000		随堂密训资料

其他优惠：详询工作人员

【广州分校】广东省广州市海珠区新港东路1088号中洲交易中心六元素体验天地1207室
咨询热线：020-87595663　020-85588201

厚大法考 APP　　厚大法考官博　　广州厚大法考官微

厚大爱题库
专于考试精于题

爱题库 APP　　爱题库 微博

法考刷题，就用厚大爱题库！

多： 2002-2021，主观题客观题，模拟题真题，应有尽有。

细： 名词解析细致，法条罗列清晰，重点明确，解析精细。

新： 按照新考纲、新法条及时修改解析，越新越应试。

趣： 法考征途，边做题边升级，寓学于乐，助力法考！